칸트의 교육사상

칸트의 교육사상

초판 인쇄   1990년 03월 02일
개정판 발행 2020년 01월 15일

지은이 임마누엘 칸트
엮은이 장찬익
펴낸이 김진남
펴낸곳 배영사

등 록 제2017-000003호
주 소 경기도 고양시 일산서구 구산동 1-1
전 화 031-924-0479
팩 스 031-921-0442
이메일 baeyoungsa3467@naver.com

ISBN 979-11-89948-04-7 (93370)
잘못 만들어진 책은 바꾸어 드립니다.

정가 9,000원

칸트의 교육사상

Immanuel Kant 저
장찬익 역

배영사

역자의 말

교육을 위탁하는 자, 학부모, 비교육자가 교육을 전문으로 논의하려는 것도 위험한 일이지만, 교육을 담당하는 교육자·교사가 교육을 상식으로 논의하려는 것은 더욱더 위험한 일이다. 어찌 비전문가가 전문적인 말을 할 수 있으며 전문가가 비전문적인 식견으로 그 직을 담당할 수 있을 것인가? 물론 교육 문제에 관한 한 국외자(局外者)·방관자(傍觀者)는 아무도 없을 것이다. 그것은 누구나의 관심의 대상인 것이다. 이는 교육이 모든 사람에게 관계되기도 하지만 그것이 개인적으로나 국가적으로 중대한 문제이기 때문이다. 그러나 관심과 상식으로 교육을 입안하고 운영할 수는 없다. 그것은 전문적인 지식, 부단한 연구와 노력, 확고한 교육관 등을 가진 전문가에 의해서 이루어져야 한다.

그런 사람들이 다름 아닌 아동·학생 앞에 서 있는 교사들이고 또 교사들이어야 한다. 당장 아동·학생 앞에 서 있는 이런 사람들이 전문인으로서의 자아의식이나 자질을 포기한다면 이는 신성한 교단을 모독하고 교육을 저해하는 장본인이 되고 말 것이다.

우리 교사들이나 교직지망생들이 보다 비판적인 교육적 사고와 혜안으로 새로운 아이디어를 생산해내기 위해서는 부단한 연구와 노력을 계속해야 할 것이다. 이것이 전문인의 특성 중에 으뜸가는 중요한 점이기 때문이다. 이같은 과정에서 과거 위대한 교육사상을 접해보고 이를 분석·검토·비판해 봄으로써 여기서 새롭고 독창적인 아이디어를 창출해내는 것은 그 방법 중의 하나일 것이다.

본서는 바로 역자의 이러한 의도와 목적으로 본인을 포함한 일선 교사들과 교직지망생을 위해 마련된 것이다.

칸트는 근대철학의 비조(鼻祖)일 뿐만 아니라 훌륭한 교육사상을 우리에게 보여주고 있다. 인간의 본성관에서 부터 훈육·체벌·도덕교육·교수방법·생활지도 등 교육 전반에 걸쳐 구체적이고 실제적인 문제를 다루고 있다.

실로 교육을 비판 · 반성하고 재음미하여 개선코자 하는데 귀감이 되리라 믿는다.

칸트가 인간적, 학문적으로 원숙한 시기인 50세 이후에 소속 대학에서의 특강 내용들을 모아 엮은 책이 본서의 원본이다. 이 책은 원래 서론, 자연적 교육, 실천적 교육 등 3장으로 구성되어 있다. 본 역서는 미국 미시간 대학에서 영역(英譯)하면서 이해를 돕기 위해 원래 절(節)로 된 것을 장(章)으로 재편한 것인데 이를 그대로 따랐다. 그리고 독자의 이해를 돕기 위해 역자의 논문을 부록1로 첨가했고, 러셀의 『서양철학사』 중에서 「칸트의 철학」을 부록 2로 첨가하였다. 부록 1은 칸트 교육사상에 대한 본인의 논문으로서 본서를 읽기 전 독자에게 안내의 구실을 할 수 있지 않을까 생각한다.

본서를 출간함에 있어 연구실의 심규장, 한순자 두 학생의 원고정리와 성실한 도움에 대해 고마움을 금치 못하며, 많은 교육자와 교직 지망생들이 부담 없이 읽을 수 있도록 출판에 응해 주신 배영사 사장님과 편집부 여러분께 심심한 사의를 표하는 바이다.

역자

차례

제1장
서론(序論)

서론(序論)

인간은 교육을 필요로 하는 유일한 존재이다. 왜냐하면 우리는 교육을 일반적으로 양육(養育)과 훈육(訓育) 및 도야(陶冶)를 포함한 교수 등의 세 형태로 보기 때문이다.

이러한 교육에 의해서 인간은 양육을 필요로 하는 유아기와 훈육을 필요로 하는 아동기, 그리고 교수(敎授)를 필요로 하는 학생기 등을 순차적으로 거치게 된다.

동물들은 어미로부터 태어나 생명력을 갖게 되면 본능적인 일정한 계획에 따라서, 즉 그들 자신에게 해롭지 않은 방법으로 그들이 가지고 있는 힘 또는 능력을 사용하게 된다.

예를 들면 갓 부화하여 아직 눈도 채 뜨지 못한 제비 새끼들이 둥우리를 더럽히지 않으려고 본능적으로 조심스럽게 행동하는 것을 볼 수 있는데 이는 참으로 놀라운 일이다.

그러므로 동물에 있어서는 인간에서와 같은 양육이 필요 없고 기껏해야 먹이와 보온(保溫) 및 일종의 보호 행동인 가이던스 등이 필요할 뿐이다.

대부분의 동물들이 어린 새끼들에게 먹이 주는 일을 하고는 있지만 그렇다고 양육을 하는 것은 아니다. 왜냐하면 양육이란 어린 자녀들이 그들 자신에게 해로운 방향으로 자신의 힘을 사용하지 못하도록 부모가 보호해주고, 세심하게 주의를 기울이는 것을 의미하기 때문이다. 만약에 동물이 세상에 태어나면서 인간이 출생할 때 울음을 터뜨리듯 울게 된다면, 주위에서 그 울음소리에 매혹되어 몰려드는 늑대나 다른 야수들의 먹이가 되고 말 것이다.

인간은 훈육을 통하여 인간의 동물적인 본성이 인간성으로 바뀌게 된다. 그러나 동물들은 그들이 할 수 있는 모든 것이 본능에 의해서 이루어진다. 즉, 동물에게는 애초부터 인간과는 다른 능력이 주어져있는 것이다.

반면에 인간은 인간 자신의 이성(理性)을 필요로 한다.

인간은 동물과 같은 본능을 가지고 있지 않기 때문에 스스로의 행동계획을 수행해 나아가야 한다. 그렇지만 인간은 그러한 행동을 즉각적이고 일시적으로 할 수 있는 것이 아니라 미발달(未發達)된 상태로 세상에 태어나기 때문에 초기단계에서는 성인들이 갓 태어난 아이를 위해 동물들이 갓 태어나 스스로 할 수 있는 것과 같은 일을 대신 해주어야 하는 것이다.

인간의 천부적 재능은 모두 인간 자신의 능력을 통해서 자신으로부터 점차적으로 조금씩 개발되어야한다.

한 세대(世代)의 인간은 그 다음 세대를 교육한다. 이와 같은 교육의 과정에서 그 첫 출발은 인간의 미개하고 미숙한 상태에서도 볼 수 있을 뿐만 아니라 충분히 발달·성숙된 상태에서도 찾아볼 수 있다. 만약 후자의 교육, 즉 충분히 발전된 조건의 교육을 먼저 실시한다고 가정하면 인간은 결국 교육받은 이후에 타락하여 필시 야만적인 상태로 전락해 버리고 말 것이다.

훈육(訓育)은 동물적인 충동에 의해서 인간의 본성과 인간에게 주어진 목적에서 벗어나 이탈하게 되는 것을 방지해 준다. 즉, 훈육은 인간이 무모하고 성급하게 위험 속으로 빠져들지 못하게 해주는 것이다. 이와 같이 훈육은 단지 소극적인 것으로서 그 작용은 인간이 원래 타고난 야만성을 억제해 주는 것이라고 할 수 있다. 한편, 이와는 달리 교수(敎授)는 교육의 적극적인 면이라 하겠다.

야만성은 규범(規範)과는 별개로 구성되어 있다. 인간은 훈육에 의해서 인류의 규범을 따르도록 되어 있으며, 또한 규범의 구속성을 깨닫게 된다.

이러한 훈육은 어렸을 때 이루어져야 한다. 예를 들어, 아동을 어렸을 때 학교에 보내는 것은 그 아이가 학교에서 무엇인가를 배우게 하려는 목적에서라기보다는 얌전히 앉아서 들은 대로 정확하게 행동하는 일에 익숙하도록 하려는 의도에서이다. 그리고 아동이 장차 성장하여 생활하면서 직면하게 되는 일들을 아무 생각도 하지 않고는 곧바로 실천에 옮기지 않도록 하려는 데 그 목적이 있는 것이다.

인간은 본질적으로 자유에 대한 애착이 매우 강하기 때문에, 일단 자유에 익숙하여 성장하게 되면 자유를 위해서는 모든 것을 희생하려 한다. 바로 이러한 이유에서 훈육은 매우 일찍부터 실시되어야 하는데, 초기에 훈육이 이루어지지 않았을 경우에는 성인이 된 후 그릇된 성격을 개조하기가 상당히 어렵게 된다. 훈육을 받지 않은 사람들은 사소한 일시적 감정에 대해서도 쉽게 이끌리기 마련이다.

이러한 사실은 미개한 민족에서 쉽게 찾아볼 수 있다. 이들 미개인들은 얼마 동안은 문명된 유럽인과 같은 기능을 발휘할 수 있을는지 모르지만 유럽의 풍습(風習)에 결코 익숙해 질 수는 없는 것이다.

그렇지만 미개인들에게 있어서 그러한 사실이 나타나는 것은, 루소나 그 밖의 다른 사상가들이 생각하는 자유에 대한 고결한 사랑의 발로가 아니라, 일종의 야만적 상태, 말하자면 인간성이 아직 계발되지 않은 동물적인 상태라고 말할 수 있다. 그러므로 인간은 일찍부터 이성의 명령에 복종하도록 습관들여져야 한다. 왜냐하면 어떤 사람이 어린 시절에 아무런 곤란이나 제재를 받지 않고 자신의 의지에 따라 자유롭게 행동하면서 성장하도록 내버려 둔다면 그에게는 어떤 무법성(無法性)의 성격이 일생 동안 떠나지 않을 것이기 때문이다.

그리고 어린 시절에 지나친 모성애(母性愛)의 보호를 받고 자란 아이는 훗날 성인이 되어 그들의 세상사에 뛰어들게 되자마자 여러 가지 측면으로부터 많은 곤란에 직면하게 됨은 물론, 끊임없이 저지를 당하게 될 때 더욱 무력해질 것이기 때문이다.

상류계층의 사람들은 장차 지배자 계층이 될 것이므로 어린 시절에 아무런 제재나 반대도 받아서는 안 된다고 생각하는 것은, 상류계층의 교육에서 흔히 범하게 되는 공통된 잘못이다.

인간은 그의 자유에 대한 천부적 애착 때문에 본래의 야만성을 완화시키는 일이 필요하지만 동물에 있어서는 그들의 본능으로 인해서 그러한 일이 필요하지 않다.

인간은 양육과 도야를 필요로 한다. 여기서 말하는 도야란 훈육과 교수를 포함하는 의미이다. 우리가 알고 있는 한 동물은 이러한 양육과 도야를 필요로 하지 않는다. 이는 그 어떤 동물도 어미로부터 배우는 일이 없기 때문이다.

다만 한 가지 예외적인 경우로서 새들만은 어미로부터 노래하는 법을 배운다. 즉, 어미 새가 새끼 새에게 힘껏 노래를 불러주면 마치 학교에서 어린 학생들이 노래를 배우듯이 새끼 새들이 어미 주위에 모여 앉아 조그만 주둥이를 벌려가며 똑같은 소리를 내려고 애쓰는 광경을 쉽게 볼 수 있다.

새가 본능에 의해서 노래하는 것이 아니라 실제로 노래하는 법을 배운다는 사실을 우리가 확인해 보기 위해서 실험을 해 볼 수가 있다.

카나리아 둥지에서 카나리아 알을 절반쯤 꺼내 버리고 거기에다 그 수만큼 참새 알을 바꾸어 넣어 두든지, 혹은 카나리아 새끼 대신에 참새 새끼를 절반쯤 넣어 놓았다고 가정해 보자. 그리하여 얼마간의 기간이 지난 후 부화된 참새 새끼를 다른 새끼들과 함께 참새소리가 들리지 않는 방으로 옮겨다 놓으면 이 참새 새끼들은 카나리아 어미로부터 카나리아 노래를 배우게 될 것이다. 이런 방법으로 해서 우리는 카나리아 노래를 하는 참새를 보게 될 것이다.

사실 여러 가지 다양한 종류의 새들이 그들만의 독특한 노래를 가지고 있고, 그 노래가 여러 세대를 통해서 바뀌지 않고 보존되어 있다는 것은 참으로 놀라운 일이다. 그리고 그러한 새들의 노래는 아마도 이 세상에서 다른 무엇보다도 가장 충실한 전통이 될 것이다.

인간은 오직 교육에 의해서만 인간다워질 수 있다. 인간은 단지 교육에 의해서 이루어진 산물에 불과하다. 인간은 오직 인간, 즉 교육을 받았던 경험이 있는 인간에 의해서만 교육을 받아야 된다는 사실은 주목할 만한 일이다.

그런데 어떤 사람들은 그 자신이 받은 훈육과 교수가 부족하기 때문에 학생들을 가르치는 교육자로서는 적합하지 못하다. 인간보다 더 높은 본성을 지닌 어떤 존재가 우리 인간의 교육을 담당한다면 인간이 어느 정도까지 어떻게 변모될 수 있는지를 틀림없이 알 수 있을 것이다.

그러나 우리는 인간의 천부적 재능을 정확하게 예측할 수가 없다. 왜냐하면 어떤 것은 교육에 의해서 인간에게 부여되기도 하지만 또 어떤 것은 교육에 의해서만 계발되기도 하기 때문이다.

만일 상류층 사람들의 도움에 의해서나 또는 많은 사람들의 단합된 힘을 통하여 인간의 능력에 대한 실험을 하는 일이 가능하다면, 우리는 그 실험방법에 의해서 인간이 도달할 수 있는 정도의 탁월성에 대해 어느 수준까지는 정보를 얻을 수 있게 될 것이다.

그러나 상류층 사람들은 일반적으로 자신들의 이해관계에만 관심을 가지며 우리 인간의 본성을 완전성으로 한 발자국 더 가까이 접근시킬 수 있는 중요한 교육실험에 참여하지 않는 것을 볼 때, 이웃을 사랑하는 사람에게는 그것이 슬프게 느껴지듯이, 사색적인 지성인에게는 중대한 문제로서 제기된다.

어린 시절을 나태하게 보낸 사람이 사리를 판단할 수

있는 연령단계에 이르면 자신의 결점이 훈육에 있는지 또는 도야(교수라 불러도 좋을 것이다)에 있는지를 알 수 있게 된다.

도야되지 않은 사람은 성격이 거칠고, 훈육 받지 않은 사람은 행동이 무질서하다. 어렸을 때 훈육을 게을리 하는 것은 도야를 게을리 하는 것보다 더 해롭다. 왜냐하면 도야는 게을리 하더라도 훗날에 만회될 수 있지만 훈육을 게을리 한 결과로서 나타난 무율성(無律性)은 성인이 되어 서도 제거될 수 없을 뿐만 아니라, 잘못된 훈육은 결코 바로잡을 수 없기 때문이다.

아마도 교육은 끊임없이 향상될 것이며 향후 계속되는 각 세대마다 인류의 완전한 발전을 향해 한 발 자국씩 전진해 나아갈 것이다. 왜냐하면 교육에는 인간성을 완성시키는 위대한 비결이 내포되어 있기 때문이다.

지금이야말로 이 교육의 부면(部面)에서 무엇인가 이루어져야 할 때라고 본다. 왜냐하면 사람들이 실체적으로 훌륭한 교육이 무엇인가에 관하여 비로소 옳게 판단하고 분명하게 이해하기 시작했기 때문이다. 교육을 통해서 인간성은 끊임없이 향상될 것이며 진실로 인간의 본질에 가치로운 그러한 상태가 도래함을 깨닫게 되었다는 것은 참으로 기쁜 일이다. 교육은 미래에 있어서 보다 더 행복한 인류의 전망을 우리에게 펼쳐 주고 있다.

교육이론에 대한 구상은 하나의 영광스러운 이상인 바 우리가 당장 실현할 수 없다 하더라도 별로 문제가 되지는 않는다. 다만 우리는 그 이념의 실현 과정에서 어떤 난관에 봉착한다 하더라도 그 이념을 공상적인 것으로 여긴다든지 하나의 아름다운 꿈에 불과하다고 비난해서도 안 될 것이다.

하나의 관념이란 아직 경험되지 않은 이상적인 완전성의 개념에 불과하다. 예를 들어 정의의 원칙에 의해 다스려지는 완전한 공화국에 대한 관념을 우리가 갖는다고 할 때 그 아이디어가 아직 실험되지 않았다는 이유로 해서 그러한 아이디어마저 불가능하다고 할 것인가?

우리의 아이디어는 무엇보다 정확해야 한다. 그렇게 되면 아이디어의 실현과정에서 어떤 장애물이 가로놓여 있다고 하더라도 그 아이디어가 전혀 실현 불가능한 것만은 아닐 것이다. 예를 들어 모든 사람이 보편적으로 거짓말을 한다고 가정해 보자. 거짓말을 한다는 이유로 해서 진실을 말하는 행위를 다만 변덕(일시적인 기분)이라고 일축해 버릴 수 있을 것인가?

그래서 모든 인간의 천부적인 재능을 계발시키고자 하는 교육에 관한 아이디어는 참된 아이디어임에 분명하다.

현행 교육제도 하에서는 인간은 자기의 존재목적을 충분히 성취할 수가 없다. 그 이유는 인간이 매우 다양한 방식으로 살아가기 때문이다. 모든 사람이 획일적으로 동일한 원칙, 즉 그들에게 제 2의 천성이 되어야 할 그런 원칙에 따라 행동할 때에만 동일성의 결과를 기할 수 있다.

우리가 할 수 있는 일은 교육목적을 실현시키기에 적합한 더욱 훌륭한 교육계획을 수립하는 것이며, 후손들이 점진적으로 그 목적을 실현할 수 있도록 이 계획이 어떻게 수행되어야 하는가에 대한 방법을 그들에게 물려주는 일이다.

이에 대한 하나의 실례로서 앵초(櫻草)를 들어보자. 이 식물이 뿌리에서부터 싹이 나와 자랐을 때는 단 한 가지 빛깔의 꽃을 피우지만 씨앗에서 발아(發芽)하여 자랐을 때는 여러 가지 빛깔의 꽃을 피운다.

자연은 그 식물 속에 이런 여러 가지의 맹아(萌芽)를 넣어 두었다. 그리하여 여러 가지 꽃을 피우게 되는 것은 오직 적당한 파종과 재배에 달려 있는 것이다. 이와 같은 사실은 인간에 있어서도 마찬가지이다.

인간에게는 아직 계발되지 않은 채로 남아 있는 천부적인 능력의 맹아들이 많이 있다. 우리는 인간의 천부적 재능을 적절하게 계발시킴으로써 이 맹아들이 성장하도록 할 수 있다. 그리하여 인간자신의 궁극적인 목적을 실현하게 됨을 알게 될 것이다. 동물들은 스스로 이런 일을 무의식적으로 수행해간다.

그러나 인간은 동물과는 달리 이와 같은 일을 달성하려고 노력해야 한다. 만일 인간이 자기 존재목적에 관한 개념조차도 가지고 있지 않다면 이것은 결코 성취할 수 없을 것이다.

그러나 인간이 개인으로서 이 목적을 달성한다는 것은 거의 불가능한 일이다. 예컨대 충분히 계발된 최초의 부모가 있다고 가정해 보자. 그리고 그 부모들이 자기 자녀를 어떻게 교육시키는가를 살펴보자. 이 최초의 부모들은 자녀들에게 어떤 모범을 보일 것이며, 자녀들은 부모를 모방함으로써 그들이 지닌 천부적 재능의 일부를 계발시켜 나아갈 것이다.

그러나 아이들의 재능이 모두 다 이런 식으로 계발 될 수는 없다. 왜냐하면 아이들 재능의 계발은 그 아이들이 부모의 어떤 모범을 따르는가 하는 그때그때의 상황에 달려 있기 때문이다.

지난날의 사람들은 인간성을 실현할 수 있는 최고성취의 개념에 대해 아무것도 가지고 있지 않았으며 심지어 지금까지도 우리는 그 문제에 대한 아주 명확한 관념을 가지고 있지 않은 것이다. 그러나 다음과 같은 사실은 아주 확실하다. 즉, 학생들이 어느 정도의 도야를 쌓았다 하더라도 그들 개개인의 궁극적인 목적에 도달하는 문제는 어느 누구도 확신할 수 없다는 점이다. 그러므로 이 궁극적인 목적에 도달하는 문제를 성취하려면 몇몇 소수 개인의 노력 만으로서는 불가능하며 인류전체의 노력이 필요한 것이다.

교육이란 수세대에 걸친 끊임없는 실천을 통해서만이 완벽해 질 수 있는 예술이다. 앞 세대의 지식을 물려받은 각각의 후세대는 인간의 천부적인 재능을 그들의 목적과 관련하여 적절하게 계발시키는 교육을 앞 세대보다 더욱 많이 실시할 수 있다. 그렇게 함으로써 전 인류의 궁극적인 목적을 향하여 더욱 발전하게 할 수 있는 것이다.

신(神)은 인간 본성에 잠재된 선(善)을 인간 스스로 찾아낼 것을 기대하고 다음과 같이 우리 인간에게 말하고 있을 것이다.

"세상으로 나아가라! 내가 너희에게 선에 대한 모든 경향성(傾向性)을 갖추어 주었노라. 그 경향성을 개발하는 것이 너의 임무이니 너희들의 행복과 불행은 오로지 너희들 자신에게 달려 있노라"

인간은 자기가 타고난 선에 경향성을 계발해야 한다. 신은 인간에게 이미 완성된 선을 부여해 주지 않았을 뿐만 아니라 도덕적 규범의 구별능력도 부여해 주지 않았고 단지 선의 경향성만을 부여해 주었을 뿐이다.

그러므로 인간의 의무는 자기 자신을 꾸준히 개선시켜 나가는 것이다. 다시 말해 자신의 마음을 도야시키는 일인 것이다. 그리고 인간이 그릇된 길을 가고 있는 자신을 발견했을 때 도덕적 규범을 동원해서 자기 자신을 통제하는 것이 인간의 의무인 것이다.

깊이 생각해 보면 우리는 이러한 일이 매우 어렵다는 것을 깨닫게 될 것이다. 그러므로 교육의 문제야말로 인간이 성심껏 전념해야 하는 가장 중대하고도 어려운 문제이다. 왜냐하면 인간이 살아가는데 필요한 통찰력은 교육에 의해서 길러지고, 또 한편 교육은 통찰력에 의해서 좌우되기 때문이다. 그러므로 이러한 사실로부터 교육은 오직 점진적으로 진보 할 수밖에 없다는 원리를 우리가 따라야 하며, 한 세대는 그들이 물려받은 전세대(前世代)의 축적된 경험과 지식을 다음 세대에 전달해 주고, 그것을 물려받은 후세대는 또 그 다음 세대에게 자기 세대의 경험과 지식을 부가하여 전해 주게 될 때에, 비로소 교육방법에 대한 진정한 개념이 생겨날 수 있다는 사실을 믿어야 한다.

지금까지의 교육방법 개념은 무수하고, 중대한 경험과 문화를 전제로 하고 있지 못하다. 교육방법에 관한 생각이 제대로 이루어지려면 좀 더 시간이 지나야만 할 것이며, 우리들 자신도 아직 이 개념을 충분히 이해하지 못하고 있다. 따라서 개개인의 교육에 있어서 인류가 수 세대에 걸쳐 면면히 이어져 내려온 교육을 통해 밟아온 과정을 모방하는 일을 계속해야하는가라는 의문을 갖게 된다.

인간의 발명한 것 중에서 가장 어렵다고 생각되는 것이 두 가지가 있는데 그 하나는 통치술이고 또 다른 하나는 교육이라는 예술이다. 그리하여 사람들은 이 통치와 교육, 양자의 참된 의미에 대해서 아직도 논의를 계속해 오고 있는 것이다.

그러면 인간의 재능을 계발함에 있어서 우리는 어떤 입장을 취해야 하는가?

우리는 미개한 원시사회 상태에서 교육을 시작해야 할

것인가, 그렇지 않으면 문명된 사회상태에서 시작해야 할 것인가? 우리가 미개상태로부터의 발전을 인식한다는 것은 상당히 어려운 일이다. 왜냐하면 지금으로서는 인류초기의 미개한 인간이 어떠하였는가를 이해하기란 매우 어렵기 때문이다. 그리고 이러한 미개 상태로부터의 발전과정에서 인간은 항시 그 원상태로 다시 후퇴했다가 보다 발전된 상태로 향상되어 왔다는 사실을 알 수 있다.

상당히 발전된 문명국가들일지라도 그 발달초기의 옛 기록에는 야만성의 흔적이 아직도 뚜렷이 나타나고 있음을 우리는 발견하게 된다.

더구나 인간이 그러한 기록을 남길 수 있는 간단한 문자(文字)를 갖기 이전까지 얼마나 많은 미개문자화가 계속되었겠는가? 문명된 국민에 있어서 문자 기술의 시초가 곧 문명의 시초라고 불려 질 수 있게 되기까지에는 그 이전의 많은 문화를 전제로 하고 있는 것이다.

인간의 천부적 재능의 계발은 저절로 이루어지는 것이 아니기 때문에 그것을 가능케 하는 모든 교육은 하나의 예술이라고 할 수 있다. 자연은 인간에게 그 목적(천부적 재능의 계발)을 추구할 수 있는 어떠한 본능도 부여해 주지 않았다. 이 교육이라는 예술의 수행뿐만 아니라 그 시초는 주어진 환경에 지배되어 무의식적이며 무계획적이었고 또는 판단력의 포함되기도 하였다.

교육이라는 예술은 인간에게 유용하거나 해로운 것이거나를 막론하고 유연한 경험에 의해서 배우게 될 때는 기계적인 것이 된다. 단순히 기계적인 교육은 우리가 모두 실천해야 할 확고한 원리를 전혀 가지고 있지 않기 때문에, 많은 오류와 결함을 내포한 채 운영될 것이 분명하다. 만일 교육이 인간의 존재목적을 달성하기 위해 인간성을 개발하는 것이라면, 이때에 교육은 판단력의 훈련을 포함해야 할 것이다.

교육을 받은 부모는 그들의 자녀를 지도하는데 있어서 좋은 본보기가 된다. 그러나 만일 자녀들이 자기 부모들 이상으로 발전해야 한다면 교육문제는 하나의 연구과제가 되어 검토되어야 한다. 그렇지 않으면 우리는 교육으로부터 아무것도 기대할 수 없을 뿐만 아니라 잘못된 교육을 받은 사람이 다른 사람을 교육시키고 하는 데는 다만 그의 잘못된 과오만이 계속해서 되풀이될 뿐이다.

교육이라는 제도는 하나의 학문으로 발전되어야 하며 그렇게 되지 않을 때 교육은 결코 일관성 있는 목표가 될 수 없을 것이다. 한 세대는 교육을 통하여 그 전 세대가 이미 구축해 놓은 것을 이어받아 새롭게 개조해 나가야 할 것이다.

교육계획을 수립하는 사람들이 특히 유념해야 할 교육 원리 중의 하나는 다음과 같다. 즉 아동은 현재를 위해서가 아니라 앞으로의 미래생활에서 가능한 한 개선된 인간의 조건을 위해서 교육을 받아야 한다. 다시 말해서 인류의 이상과 인류전체의 운명에 부합되는 방법으로 교육받아야 한다는 것이다.

이 원리는 교육의 원리 가운데 매우 중요한 의미를 갖는다. 부모들은 일반적으로 현재의 사회상태가 아무리 나쁘더라도 자기 자녀들이 스스로 그러한 현재의 상태에 적응하도록 하기 위한 그런 방식으로만 자녀를 교육시킨다. 그러나 부모들은 그들 자녀가 교육을 받음으로써 보다 나은 제반여건이 장차 그들 자녀에게 부여되도록 하기 위해 현재의 상태보다 훨씬 나은 교육을 베풀어 주어야 할 것이다. 그렇게 함으로써 장차 보다 나은 제반여건이 아동에게 부여 될 것이다.

그러나 여기서 우리는 다음과 같은 두 가지 난점(難點)에 봉착하게 된다. 첫째, 부모들은 대개 그들의 자녀가 이 세상에서 출세하는 것에만 신경을 쓰며 둘째, 통치자들은 그들 자신만의 목적을 실현하기 위해 그들의 백성을 단순한 도구로만 생각한다는 점이다.

부모는 가정을 보살피고, 통치자는 국가를 보호한다. 이 부모나 통치자 양자의 어느 쪽도 인간에게 운명적으로 주어져 있고 또 인간의 천부적 경향성인 보편적 선과 인간성의 완전한 실현을 그들의 궁극적 목적으로 삼지는 않는다. 그러나 교육계획의 기본은 범세계적인 것이어야 한다. 이 때에 보편적 선의 관념이 개별적인 인간은 물론 우리 모두 인류에게 어떤 해로움을 끼치는가? 결코 그렇지 않다. 왜냐하면 이 보편적 선의 관념에 의해서 어떤 것은 희생되어야 하는 경우가 나타나게 될지라도 현재의 상태하에서 각 개인에게 있어서 조차도 최선의 방향으로 진보가 이루어지고 있기 때문이다.

그렇게 되면 얼마나 경탄할 결과가 따르겠는가? "세상의 모든 선은 바로 훌륭한 교육을 통해서 나타나게 된다."

이 교육을 실행하기 위해서는 인간 내부에 잠재되어 있는 선의 맹아를 더욱더 개발시켜야 할 필요가 있다. 왜냐하면 인간의 천부적 성향(性向)에 서는 악의 근원을 찾아볼 수 없기 때문이다. 악의 근원은 다만 본성이 통제되지 않고 나타났을 때의 결과일 뿐이다. "인간에게는 오직 선의 맹아만이 존재한다."

그러면 누구에 의해서 보다 나은 세상에 이루어질 수 있겠는가? 통치자에 의해서인가? 보다 나은 세상이 전개될 수 있는 것은 오직 국민들에 의해서이다. 여기서 말하는 국민이란 국가에서 국민의 복지를 위해 설립한 제도를 기꺼이 받아들일 만큼 자기 스스로를 개선해 나아가는 사람들을 말한다. 그러나 보다 나은 세상이 통치자의 손에 달려 있다고 한다면 무엇보다 먼저 그를 통치자 자신의 교육이 개선되어져야 할 것이다. 왜냐하면 그들이 젊었을 때 아무런 곤란과 반대에도 직면하지 않도록 보호만 받아왔던 중대한 실책으로 말미암아 통치자의 교육은 오랫동안 개선되지 않았기 때문이다.

넓은 들판에 홀로 서있는 나무는 꾸불꾸불하게 제멋대로 자라고 그 가지가 옆으로 넓게 퍼지는 반면, 숲속에서 자라는 나무는 주위에 있는 다른 나무들의 틈에 끼어 압력을 받기 때문에 위로부터 공기와 햇빛을 받으려고 길고 곧게 자라게 된다.

이러한 사실은 통치자의 성장에 있어서도 마찬가지로 적용된다. 어쨌든 통치자는 같은 통치자들 중의 어느 누구로부터 교육을 받는 것보다는 자기 국민들 중의 한 사람으로부터 교육받는 것이 어떤 경우를 막론하고 더욱 훌륭한 교육이 될 것이다. 그러므로 만약 통치자의 교육이 국민들의 교육보다 더 높은 수준으로 이루어진다면 통치자에 의한 진보 · 발전이 이루어질 것이라고 예상할 수 있을 것이다.

그런데 높은 수준의 교육은 바제도(Basedow)와 그 밖의 다른 사람들이 생각했던 바와 같이 통치자들의 협조가 얼마나 많으냐에 달려 있는 것이 아니고, 주로 개인적인 노력여하에 달린 것이다. 왜냐하면 통치자들은 그들 자신의 목적을 성취하기 위해서 국가의 안녕에 관심을 기울이지만 보편적인 선에는 별 관심을 가지고 있지 않다는 것을 지금까지의 경험에 의해서 쉽게 알 수 있기 때문이다.

그러나 만약 통치자들이 국가와 복리를 위해서 재원을 마련한다면 그에 따른 구체적 계획의 구상은 전적으로 통치자 자신의 재량에 따르지 않으면 안 될 것이다. 그리하여 그 계획은 인간지성의 완성과 지식을 확충시키는 모든 것과 관련된다. 그러나 권력과 재원은 단지 그 일을 수행하는데 있어서의 어려움을 경감시켜 줄 수 있을 뿐이다. 만일 재정당국이 그러한 목적을 위하여 사용될 비용이 얼마이든 국고가 감당해도 좋을 것인가 하는 이해타산을 먼저 따지려고 노심초사하지 않는다면 통치자는 그 일을 수행할 수 있을는지 모른다. 그러나 지금까지 대학당국조차도 이 과업을 수행하지 못하고 있으며 앞으로는 그렇게 할 수 있을 것이라는 가능성마저도 현재로서는 미미할 뿐이다.

그래서 학교교육의 운영은 가장 현명한 전문가들의 판단에 의뢰해야 할 것이다. 모든 문화는 개인으로부터 점차 다른 사람에게로 영향을 주게 된다. 인간성을 점점 발전시켜 인류가 지향해 가는 목적을 가능하게 할 수 있는 방법은 오직 보편적인 선에 관심을 가지며, 미래의 더 나은 상황에 대한 관념을 품을 수 있는 넓은 도량을 가진 사람들의 노력을 통해서만 가능한 것이다.

우리는 국민을 단지 동물왕국 같은 자연세계를 구성하는 한 부분으로 간주하고 자신의 최대목적을 단순히 인류종족의 번식에만 주력하는 통치자들을 현시대에서도 종종 찾아볼 수 있지 않은가? 만약 그러한 통치자가 지성인을 훈련시키는 문제에 열중한다면 이는 단지 국민들로 하여금 자신의 목적을 수행하는 데 유용하게 이용될 수 있도록 하기 위한 것뿐이다.

물론 개인이 이 같은 소박한 목적관을 갖는 것도 필요하지만 각 개인은 특별히 인류의 발전을 깊이 명심해야 한다. 그런데 가장 어려운 일은 각 개인이 자신의 후손들로 하여금 앞 세대가 성취해 놓은 것보다 더욱더 발전된 완전성의 상태로 이를 수 있도록 조력해 주어야 하는 것이다.

인간은 교육을 통해 다음과 같은 것이 이루어져야 한다.

첫째, 훈육되어야 한다. 여기서 우리는 훈육이라는 말을 개인으로서의 인간이나 사회구성원으로서의 인간이냐를 막론하고, 개인적 · 사회적 인격형성으로 더욱 훌륭한 인간적 지위를 얻기 위해 인간의 동물적 본성을 억제하는 그러한 영향력이라고 이해해야 할 것이다. 즉, 훈육은 인간의 방종과 무율성을 억제시키는 것을 말한다.

둘째, 교육을 통하여 인간은 도야되어야 한다. 도야는 지식과 교수를 포함한다. 즉, 능력을 발휘하는 것이 도야인 것이다.

능력이란 인간의 다양한 목적에 적용될 수 있는 기능을 소유하게 됨을 말한다. 능력은 그 자체가 어떤 목적을 결정하는 것은 아니지만 장차 그러한 목적이 일어나게 되는 상황 속에서 작용하게 된다. 예를 들면 도야를 통한 읽기와 쓰기 같은 능력(기능)의 성취는 본질적으로 모든 사람들에게 유용할 것이다. 반면 한 개인의 즐거움(취미)을 만족시키는 음악과 같은 여타의 성취는 특정의 목적에만 유용할 뿐이다. 실로 능력이 따르게 되는 다양한 목적은 거의 무한하다고 할 수 있다.

셋째, 교육을 통하여 인간은 처세해가는 분별력을 갖추어야 한다. 인간은 이 분별력을 갖게 됨으로써 사회에서 스스로 처신할 수 있으며 친화성을 갖게 되고 나아가 영향력을 발휘할 수 있게 된다.

이러한 분별력을 획득하기 위해서는 소위 세련미라고 할 수 있는 일종의 도야가 필요하다. 세련미를 갖춘 인간의 품위는 자신의 목적을 달성하는데 모든 사람들 유용하게 이용할 수 있는 일종의 분별력·태도·예의 등을 필요로 한다. 이 세련미는 시대에 따라 사람들의 취향에 의해 계속적으로 변화한다. 이와 같이 지금은 사라져 버린 사교적 예절이 20~30년 전에는 그 시대의 취향에 맞게 유행했던 것이다.

넷째, 교육을 통하여 도덕적 훈련이 이루어져야 한다. 인간을 어떤 특정 목적에 맞게 수동적으로 적응시키는 것만으로는 충분하지 않으며, 인간의 성향은 모든 사람들에 의해서 인정되고, 동시에 모든 사람들의 목적이 될 수 있는 그러한 훌륭한 목적 외에는 아무것도 선택할 수 없도록 훈련되어야 한다.

인간은 길들일 수 있고 훈육할 수도 있으며, 기계적으로 가르칠 수도 있을 뿐만 아니라 계몽할 수도 있다. 말이나 개와 같은 동물이 길들여지듯이 인간도 역시 길들일 수 있다.

그러나 아이들은 단순히 길들여지는 것만으로는 충분치 않다. 왜냐하면 더욱 중요한 것은 아이들이 스스로 사고할 수 있는 방법을 배우게 하는 일이기 때문이다. 사고하는 것을 배움으로써 인간은 제 멋대로 이고 막무가내로 무분별한 행동을 하는 것이 아니라, 주어진 원칙에 따라 행동하게 된다.

이와 같이 참된 교육은 매우 많은 의미를 내포하고 있음을 우리는 알게 된다. 그러나 일반적으로 사적 교육에 있어서, 교육의 네 번째 기능이며 중요한 관점인 도덕적 훈련이 아직까지도 너무 경시되고 있는 실정이다. 그래서 아동들의 도덕적 훈련은 주로 교회에 맡겨 행해지게 된다.

아동들이 어려서부터 악덕(惡德)을 싫어하는 것을 배우게 하는 일은 얼마나 중요한 일인지 모른다. 이는 단순히 신이 그 악덕을 금했기 때문에서가 아니라 악 그 자체가 나쁜 것이기 때문이다. 만약 아동들이 어렸을 때부터 악덕에 관하여 배우지 않는다면 아동들은 다음과 같이 생각하기 쉽다. 즉, 만약 신이 어떤 나쁜 행위를 금하지 않았다면 그 나쁜 행위를 행하는 것이 아무런 해악도 끼치지 않으며, 신이 악덕을 허락했다면, 그 악덕은 허용될 수 있는 행위이며 그럼으로 해서 신도 때때로 예외를 허용하고 있다고 생각하기 쉽다는 것이다. 그러나 신은 가장 신성한 존재이고 오직 선한 것만을 바란다. 그리고 신은 우리 인간이 덕 그 자체의 가치 때문에 덕을 사랑하기를 바라는 것이지 단지 신의 요구 때문에 덕을 사랑하기를 바라는 것이 아니다.

우리는 훈육·도야·문명화의 시대에 살고 있으나 도덕적 훈련의 시대와는 아직도 거리가 멀다. 인류의 현 상황에 비추어 보면 국가의 번영은 국민들의 불행과 병행하여 커가고 있다고 말할 수 있을 것이다. 사실인즉 우리 인간이 현재의 문명된 상태에서보다도 아무런 문명된 점을 찾아볼 수 없는 미개사회에서 더 행복할 수 있었을 것이 아닌가 하는 데는 의심의 여지가 있다. 왜냐하면 인간이 먼저 현명해지고 선해지지 않는다면 어떻게 행복해질 수 있는가란 의문이 제기되기 때문이다.

따라서 우리 인간의 일차적 목적이 이루어져야만 이 악의 양도 줄어들게 될 것이다.

우리는 정규학교를 세우기 이전에 실험학교를 먼저 설립해야 한다. 교육과 교수는 단순히 기계적인 것으로 이루어져서는 안 되며 일정한 원칙 하에서 기초를 세워야 한다. 다시 말하면 교육이 이성적 판단의 방식에 의해서 진행되어야 할 뿐만 아니라, 동시에 어떤 의미에서서는, 기계적인 것이 되어야 할 때가 있다고 하더라도, 일정한 원칙에 근거해서 이루어져야 할 것이다.

오스트리아에는 수많은 학교가 시범학교로 되었는데 그 설립근거와 이유에 대해서는 많은 논란이 있어 왔지만 이 학교들은 일정한 계획에 따라서 설립되어 운영하게 되었다. 시범학교에 대한 반대자들의 주요 불만은 그들 학교에서 가르치는 교수법이 단순히 기계적이었다는 점이다. 그러나 정부당국에서는 시범학교에서 교육받지 않는 사람은 승진시키는 것 조차도 거절했기 때문에 다른 모든 학교들도 할 수 없이 이들 시범학교의 형태를 따를 수밖에 없었다. 이러한 사실은 그 당시 정부가 교과교육을 얼마나 간섭하였으며 정부의 강요로 인하여 얼마나 많은 악폐가 발생되었는가를 잘 나타내 주고 있다.

실제로 많은 사람들은 교육에 있어서 실험이란 불필요한 것이라고 생각하기도 하였고 우리 인간은 이성만으로써 어떤 것이 좋고 나쁜지를 판단해 낼 수 있다고 생각하기도 하였다. 이것은 크게 잘못된 생각이며 과거의 경험을 통해서 보더라도 실험의 결과가 우리가 예상했던 것과는 전혀 판이하게 나타나는 경우를 쉽게 볼 수 있다.

이와 같이 교육은 실험결과에 따라서 운영되어야 하기 때문에 어떤 한 세대만으로는 완전한 교육체제가 수립될 수 없음을 알게 된다.

실험학교로서의 길을 개척한 시초는 데사우(Dessau)실험학교이다. 이 실험학교는 비난받을 만한 오류를 범하고 있음에도 불구하고, 우리는 이 학교에 많은 찬사를 보내지 않을 수 없다.

이 학교는 어떤 점에서는 교사들이 그들 자신의 교수방법과 수업계획을 수행하는 데 있어서 자유스러웠고, 교사들은 그들 서로 간에 의사소통은 물론 모든 독일 학자들도 의사교환이 자유로운 유일한 학교였다.

교육은 아동의 양육을 포함하여 아동들이 성장함에 따라 도야까지도 포함한다.

도야는 두 가지 의미를 포함하고 있는데, 첫째는 훈육으로 구성되는 소극적 의미이다. 즉, 소극적 의미의 도야는 단지 아동의 과오를 교정해 주는 것이다. 도야의 둘째 의미는 적극적인 것으로서 교수와 가이던스(guidance)로 구성된다. 가이던스는 교사가 가르쳤던 것을 아동으로 하여금 스스로 실천하도록 이끌어 주는 것을 말한다. 그러므로 단지 가르치기만 하는 개인교사와 아동을 지도하고 안내하는 가정교사 또는 교육자와의 사이에는 차이가 있다. 그 차이는 전자가 학교교육을 위해 교과만을 다루는 반면, 후자는 생활 전반을 다룬다는 점이다.

교육에는 사교육과 공교육이 있다. 후자인 공교육은 단지 가르치는 일(교수)에만 관여하며 이는 항상 공적인 성격을 띠게 된다. 학생이 배운 내용을 실천하는 문제는 사적인 교육의 문제로 남게 된다. 완전한 공교육은 교수와 도덕적 도야가 하나로 통합된 교육을 일컫는 말이다. 이와 같은 공교육은 훌륭한 사교육을 더욱 조장하는 데에 그 목적이 있다.

이 목적을 실행하는 학교를 우리는 교육기관이라고 부른다. 그러한 교육기관은 그렇게 많이 있을 수 없다. 왜냐하면 학교는 많은 경비를 필요로 하는 복잡한 운영이 이루어지고 수업료가 필연적으로 비싸짐으로 해서 학생 수는 적을 수밖에 없기 때문이다.

　이는 양로원이나 병원의 경우와도 유사하다. 이들 교육 기관에 필요한 건물과 지도자·감독자·용역자들에게 지급되는 급여가 전체 재원의 1/2을 차지하게 된다. 그러므로 이 비용에 상당하는 금액을 모두 가난한 가정에 직접 보내 준다면 가난한 사람들도 보다 더 나은 교육을 받게 되리라는 것은 의심할 여지가 없다. 이러한 이유로 해서 부유한 가정의 아동들 이외에 다른 아동들이 이렇게 많은 비용이 드는 기관에서 교육받을 수 있도록 한다는 것은 참으로 어려운 일이다.

　이 같은 공교육기관은 가정교육을 개선하는데 그 목적을 두고 있다. 만약 부모들이나 가정교육에 종사하는 사람들 자신이 교육을 제대로 잘 받았다면 공교육기관에 소요되는 경비를 극소로 절약할 수도 있을 것이다. 그리하여 공교육은 실험을 하고 아동 각 개인을 교육하는데 목적을 두게 됨으로써 조만간에 이러한 공적 교육기관으로부터도 훌륭한 사적교육(가정교육)이 이루어지게 될 것이다.

　가정교육은 부모들에 의해서 수행되기도 하나, 교육을 시킬 충분한 시간이 없고, 적성이 부족하며 가르칠 의향이 없다면 부모 대신에 보수를 받고 가정교육을 담당하는 다른 사람에 의해 수행되기도 한다.

그런데 이 같은 부모가 아닌 다른 보조자들에 의해 실행되어 온 교육에 있어 가장 큰 어려움은 그 보조자와 부모 사이의 권위에 대한 분화가 일어나게 된다는 것이다.

아이들은 보조자(가정교육)가 지시하는 규칙에 복종해야 하는 동시에 부모들의 요구에도 따라야 한다. 이러한 갈등 상태의 어려움으로부터 벗어나는 유일한 해결책은 부모들이 자신의 권한 모두를 가정교사에게 넘겨주는 일이다.

그러면 가정교육은 공교육보다 어떤 이점이 있는가? 그렇지 않으면 단점이 있는가? 교육이 아동의 능력을 발달시킨다는 점과, 또 시민의 의무를 수행하기 위해 하나의 준비단계라고 하는 점을 생각해 보면, 그것은 전반적으로 보아 공교육이 가장 훌륭한 교육이란 것을 인정해야 할 것으로 여겨진다.

가정교육에서는 흔히 가정이 갖고 있는 결점을 그대로 간직할 뿐만 아니라 그 결점을 다음 세대(자녀들)에게 계속 전해 주는 경향이 있다.

그러면 교육은 인생에 있어서 언제까지 계속되어야 할 것인가? 교육은 한 인간이 자신의 행동을 스스로 규제할 수 있을 만큼 자연이 점지해 준 삶의 시기에 이를 때까지 계속되어야 한다. 즉, 성적(性的) 본능이 발달하여 아버지로서의 기능을 할 수 있게 되고, 스스로 자신의 자녀를 교육시킬 수 있게 될 때까지 교육은 지속되어야 한다.

사람에 따라 다르겠지만 그러한 시기는 대체적으로 16세 정도면 도달하게 된다. 이 시기 후에도 우리는 어느 정도 도야의 몇 가지 방법을 적용시킬 수 있고 은밀하게 모종의 훈육을 받게 할 수도 있으나 통상적인 의미로서의 교육은 더 이상 필요로 하지 않을 것이다.

아동초기의 발달단계에 있는 아동은 순종하는 태도와 자발적으로 복종하는 법을 배워야 한다. 그리고 그 다음 단계인 아동 후기에 이르러서는 아동이 스스로 생각하도록 하고 어느 정도의 자유를 누릴 수 있도록 허용해 주어야 한다. 그러나 여전히 특징의 규율·규칙들을 준수하도록 해야 한다.

요약해서 말하면 아동 초기에 있는 아동들은 기계적인 구속을 받게 되고 후기에 있는 아동들은 도덕적인 구속을 받게 되는 것이다.

아동이 감수해야 할 복종에는 적극적인 것과 소극적인 것 등 두 가지가 있다.

적극적 복종이란 아동 스스로는 판단하는 능력이 없

고, 아직 모방의 본능이 강하게 작용하기 때문에 아동이 성인으로부터 지시받은 것을(어쩔 수 없이) 하게 되는 것을 말한다.

한편 소극적 복종이란 아동이 다른 사람에게 선하게 행동한 것으로 보이고 싶을 때 다른 사람들이 그에게 행해주기를 바라는 행동을 어쩔 수 없이 행하게 되는 것을 말한다.

한편 소극적 복종이란 아동이 다른 사람에게 선하게 행동한 것으로 보이고 싶을 때 다른 사람들이 그에게 행해주기를 바라는 행동을 어쩔 수 없이 행하게 되는 것을 말한다.

전자의 경우, 즉 적극적 복종에는 아동이 복종하지 않으면 벌을 받게 되고, 후자의 경우인 소극적 복종에서는 복종하지 않을 경우 다른 사람들이 아동들의 소망하는 것에 대해 외면해 버리는 것을 말한다. 이러한 경우에 아동들은 스스로 생각할 수 있음에도 불구하고 자신의 편익을 생각해서 다른 사람에게 의존하게 되고 만다.

교육에 있어서 가장 중요한 문제 중의 하나는 자유의지를 실천할 수 있는 능력과 불가피한 성인의 억압에 대한 복종심을 어떻게 적절히 통합하느냐 하는 문제이다. 왜냐하면 아동에 대한 제재는 필요한 것이기 때문이다.

그러면 그와 같이 필요한 제재를 가하면서 아동의 자유 의지를 어떻게 발달시킬 수 있겠는가? 나는 아동(학생)들이 자신의 자유를 억압받는 것에 대하여 인내할 수 있도록 함과 동시에, 아동이 자신의 자유를 올바르게 행사할 수 있도록 지도하겠다. 그렇게 하지 않고는 모든 교육은 단지 기계적인 것이 되어 버리고 말 것이며, 그런 아동은 교육을 마치고 난 후에도 결코 자신의 자유를 적절하게 행사할 수 없게 될 것이다.

아동은 자기의 행동에 대해 불가피한 사회의 제지를 받게 된다는 것을 일찍부터 직면하도록 해야 한다. 그렇게 함으로써 아동은 자기 자신을 지탱하는 일이나 구속을 견디어 내는 일이 얼마나 어려운 것인가를 배우게 될 뿐만 아니라, 더불어 그가 자립하는 데 필요한 것들을 획득하는 일이 얼마나 힘든 것인가도 배우게 될 것이다.

여기서 우리는 다음과 같은 몇 가지 사항을 준수하지 않으면 안 될 것으로 생각된다.

첫째, 만약 아동의 행동이 다른 사람의 자유를 방해하지 않는다면 아동 초기부터 모든 면에 걸쳐서 완전한 자유를 허락해 주어야 한다.(단 아동이 손으로 칼을 움켜쥐려 하는 경우와

같이 아동 스스로 상처를 입을 경우는 제외하지만)

예를 들어 아동이 비명을 질러대거나 너무 지나치게 소란을 피우는 행동을 자주 하면 이는 다른 사람들을 성가시게 하는 일이 되어 다른 사람의 자유를 방해하는 결과가 되므로 이 경우에는 아동에게 자유가 허락될 수 없다.

둘째, 아동은 다른 사람들이 그들의 목표를 달성하는 것을 인정해 줌으로써 아동 자신의 목적도 달성할 수 있다는 것을 스스로 알게 해 주어야 한다. 예를 들면, 만일 아동이 학교수업을 거절하거나 성인의 명령에 복종하지 않는다면 그 아동이 소망하는 그 어떤 것도 거절해 버려야 하는 것이다.

셋째, 아동은 조만간 자신의 자유를 올바르게 사용하는 법을 배울 수 있도록 하기 위해 아동에게 주어지는 어떠한 제재도 순전히 아동 자신에게 달려 있다는 것을 증명해 주어야 한다. 그리고 언젠가는 아동들이 자유롭게 되기 위하여, 즉 남의 도움으로부터 독립할 수 있게 하기 위하여 그의 마음이 도야되어야 한다는 것을 증명해 주어야 한다. 이것은 아동이 반드시 이해하여야 할 마지막 문제인 것이다. 아동들이 장차 그들 자신의 생계를 유지해 나가는 것과 같은 사실을 깨닫는 것은 인생에 있어서 훨씬 뒤의 일이다. 왜냐하면 아동들은 항상 그들의 부모와 집에서 같이 생활할 수 있고 먹을 것과 마실 것에 대해 그들의 입장에서는 항상 아무런 걱정이나 곤란 없이 제공받을 수 있다고 생각하기 때문이다. 아동들 특히 부잣집이나 귀족집의 아동들이 이러한 사실을 진실로 깨닫지 못한다면 그들은 일생을 어린아이 상태로 남아 있는 오타하이티의 원주민과 다를 바가 없는 것이다.

다시 말하면, 우리는 공교육 제도 하에서 다른 사람의 힘으로 우리의 힘을 측정하고 다른 사람의 권리에 의해서 우리에게 부여된 제한된 권리를 알게 된다는 것으로 보아 공교육의 이점을 알 수 있다. 이와 같이 우리는 도처에서 반대와 곤란에 직면하게 되고 오직 진실 된 가치에 의해서만이 남을 압도할 수 있고 성공할 수 있기 때문에, 우리 앞에 제시되는 것들에 대해서 섣불리 결정을 내릴 수 없다. 공교육은 미래의 시민을 양성하기 위한 가장 훌륭한 학교 교육이라 하겠다.

이상에서 언급된 것에 대하여 아직도 또 다른 어려움이 남아 있다. 그 어려움이란 성년기 초기의 악덕(성적 비행)을 방지하기위한 의도에서 성적 문제에 관한 지식을 예상하는 일이다. 이 문제에 대해서는 이 다음에서 또 다시 논의

될 것이다.

교육에는 자연적인 교육과 실천적인 교육이라고 하는 두 가지 면이 있다. 자연적 교육 중에는 동물의 양육과 공통적인 것으로 먹이고 보호하는 것이 포함된다. 실천적 교육 또는 도덕적 훈육은 인간이 자유로운 존재로서 이 세상을 어떻게 살아가야 하는가, 즉 삶의 방법을 가르치는 것이다.(우리는 자유와 관계되는 것을 모두 실천적 교육이라고 한다.)

실천적 교육은 인간이 자기 스스로를 유지할 수 있고 사회에서 적합한 지위와 역할을 차지할 수 있으며, 동시에 자기 자신의 적절한 개인적 인격을 지킬 수 있는 자유스런 존재가 될 수 있게 하는 교육이며, 동시에 자기 자신의 적절한 개인적 인격을 지킬 수 있는 자유스런 존재가 될 수 있게 하는 교육이며 개인적 인격을 닦게 하기 위한 교육이다.

따라서 이와 같은 실천적인 교육에는 다음과 같은 세부분으로 이루어져 있다.

(1) 학교의 일반적 교육과정 : 여기에서는 아동의 일반적 능력을 발달하게 하는 것으로 이는 교사의 업무에 속한다.

(2) 실생활 문제에 관한 교수 : 여기에서는 지혜롭고 분별

력 있게 행동할 수 있게 하기 위한 것으로 이는 사적인 가정교사 또는 여자 가정교사의 업무에 속한다.

(3) 도덕적 성품의 훈련 : 인간은 생활상 다양한 직업분야에서 성공하는 데 필요한 능력을 개발시키기 위해 학교수업이나 교수에 의한 훈련이 필요하다. 학교수업은 모든 학생들이 자신의 개인적 가치를 가지도록 해준다.

다음으로 인간은 생활의 실천적 문제에 있어서 분별력이 길러질 수 있는 학과를 배움으로써 한 사람의 시민으로 교육받게 되고 다른 동료 시민들에 대해서도 가치 있는 존재가 된다. 그리하여 그가 속한 사회에 자신을 어떻게 적응시킬 수 있는가를 배우게 되고, 동시에 어떻게 사회로부터 이익을 얻을 수 있는가도 배우게 된다. 마지막으로 도덕적 훈련을 통하여 인간은 전 인류에 관한 가치(존엄성)를 배우게 된다.

이와 같은 교육의 세 가지 중에서 학교수업은 교육의 시기로 보아 순서상 첫 번째로 주어지게 된다. 왜냐하면 아동의 능력을 다른 무엇보다도 제일 먼저 발달시켜야 하고 또한 훈련시켜야 하기 때문이다. 만일 그렇게 되지 않으면 아동은 생활을 하면서 직면하게 되는 여러 가지 실천적 문제에 대한 지식·소양을 갖출 수 없게 되고 말 것이기 때문이다.

교육의 두 번째 부분인 분별력이란 우리 인간의 재능을 올바르게 사용할 수 있는 능력이다.

교육의 세 번째 부분인 도덕적 훈련은 인간이 자기 자신을 반드시 이해해야 한다는 기본 원리에 기초를 두고 있는 것이니 만큼 시간의 순서상 마지막 단계의 교육이 되는 것이다. 그러나 도덕적 훈련이 단순한 상식에 기초를 두고 있는 한 이 도덕적 훈련은 자연적 훈련의 시기와 같이 교육의 초기단계부터 신중히 고려되어야 한다. 왜냐하면 만약 그 때부터 도덕적 훈련을 하지 않게 되면 아동에게 많은 결함이 뿌리 깊게 스며들게 될 것이며 마지막 단계에 이르러서 부과되는 모든 교육적 영향이 아무런 효과도 얻지 못하는 무기력한 것이 되어버리고 말 것이기 때문이다.

생활에 필요한 능력과 일반적 지식을 획득하는 문제에 관해서 말한다면 이는 전적으로 아동학생 기간에 이루어지게 된다. 아동의 예절교육 다음으로 중요한 것은 아동을 더욱 현명하도록 교육하는 일이다. 그러나 어른들처럼 교활하고 약삭빠르게 길러서는 안 되며 어린 그대로 어린

이답게 영리하고 훌륭한 성품을 갖도록 해야 한다. 아동의 마음이 어른들에게는 적합하지 않듯이 어른의 마음 역시 아동의 마음에는 어색하고 적합하지 않은 것이다.

제2장

자연적 교육

자연적 교육

비록 가정에서 아동교육을 담당하는 사람, 즉 가정교사가 아주 어린 아기의 자연적 교육까지 담당할 책임이 주어지지는 않았다 하더라도 그 가정교사가 처음부터 끝까지 아동교육의 한 부분인 자연적 교육을 실행하는데 필요한 모든 지식·정보를 알고 있다면 매우 유익한 일이 될 것이다. 좀 나이가 든 성숙한 아동의 교육만을 담당하고 있는 가정교사일지라도 그가 맡고 있는 가정에서 새로운 아이가 태어났을 경우를 당할 수도 있고 또 그가 현명하게 처신해 보인다면 그 가정의 부모들에게서 깊은 신뢰를 얻게될 것이고 새로 태어난 아이의 자연적 교육에 관하여 상담을 해줄 수도 있게 될 것이다.

가정교사는 그가 담당한 가정 내에서 가장 교육을 잘 받은 사람이라면 더욱더 훌륭한 아동교육의 상담자가 되고, 그의 주장은 부모의 신뢰를 받게 될 것이다. 그러므로 가정교사는 아동의 자연적 교육에 관계된 제반사실과 지식을 미리 습득하고 있어야 한다.

정확히 말한다면 자연적 훈련(교육)은 대개 부모나 유모가 하는 일로 인식되어 있는 것으로 단지 아이들을 돌보고 음식물을 먹이는 일로 이루어진다. 자연이 어린 유아에게 제공해 주는 가장 중요한 영양물은 모유이다. 그리고 산모가 자신의 젖을 자기 자녀에게 직접 먹이게 될 때 산모나 아기 모두에게 더욱 유익하다. "너는 너의 어머니의 젖을 먹으면서 어머니의 성향(性向)까지도 물려 받았어" 라는 성격 형성의 특성에 관한 이야기를 자주 들을 수 있지만 모유를 먹고 자란다고 해서 어머니의 성향이 아동의 성격 형성에까지 영향을 끼친다고 생각하는 것은 단순한 편견에 불과하다.

그러나 모유를 먹이는 일이 항상 유익하기만 한 것은 아니다. 즉, 어머니(산모)의 건강상태가 좋지 않을 경우와 같은 극단적인 상태 하에서는 예외로 삼아야 한다. 그 전에는 산모가 아기를 낳은 후 처음 나오는 것은 유장(乳漿)과 같아서 아기에게 해로운 것이라고 믿었다. 그러므로 아기에게 젖을 먹이기 전에 초유는 완전히 짜내 버려야 한다고 생각했던 것이다.

그러나 루소는 자연이 만들어 놓은 것 중 쓸모없는 것은 아무것도 없다고 생각했기 때문에 정말 초유가 아기에게 해로운가 어떤가를 확인해 보아야 한다고 하였다. 이 문제는 내과 의사들의 큰 관심을 불러일으켰다. 그리하여 의사들 사이에서 '메코니움(meconium)'이라고 알려져 있는 신생아에게 자주 유발되는 거부작용이 이 초유에 의해 완전히 제거될 수 있다는 사실이 밝혀졌다. 그러므로 초유는 아기들에게 해로운 것이 아니라 오히려 유익하다는 것이다.

유아기(幼兒期)의 아기를 동물의 젖으로 잘 양육할 수 있는가에 대하여 많은 논란이 제기 되었다. 그러나 사람의 젖은 동물의 젖과 본질적으로 매우 상이(相異)하다. 만약 주석산이나 구연산 특히 사과산 같은 신 물질을 풀과 채소를 먹고 자란 동물의 젖에 첨가하면 그 젖은 곧 응고해 버리고 만다. 반면에 모유는 그와 같이 했을 경우에 응고하지 않는다. 그러나 산모나 유모가 단 며칠 동안 채소류의 음식만 섭취하게 된다면 모유도 우유나 그 밖의 동물의 젖과 같은 방식으로 응고하게 된다. 그러나 산모가 다시금 며칠 동안 고기류의 음식을 먹게 되면 모유는 평상시와 같이 원상태로 좋아지게 된다.

이러한 사실로부터 수유기간 동안은 사모나 유모에게 육류의 음식을 먹게 하는 것이 아이의 건강에 가장 좋은 방법이라는 결론을 내릴 수 있다.

아기가 젖을 먹고 토했을 때 응결되어 있는 것을 볼 수 있다. 모유는 일반적인 방법으로서는 응고시킬 수 없기 때문에 아기의 위 속에 있는 위산(胃酸)은 다른 어떤 종류의 산보다 젖을 응고시키는 작용이 강력하다는 것을 쉽게 알 수 있다. 모유를 응결된 상태로 아기에게 주면 얼마나 해롭겠는가? 그러나 우리는 다른 여러 나라에서 아기를 키우는 다양한 풍습을 통해 볼 때 모든 것이 이러한 사실에만 의존하고 있지 않음을 알 수 있다.

아시아에는 거의 육류만 먹고 사는 어떤 러시아 종족이 있는데 그들은 튼튼하고 건강한 종족이다. 그러나 그들의 수명은 그렇게 길지 않으며 상상하기 어려울 정도로 몸이 가벼워서 완전히 성숙한 청년조차도 어린아이를 움직이듯이 손쉽게 들어 옮길 수 있는 가벼운 체구를 가지고 있다. 반면에 스웨덴 민족들이나 인도인들은 거의 고기를 먹지 않지만 키가 크고 발육상태가 양호하다. 그러므로 이러한 경우를 통하여 볼 때 모든 것은 산모나 유모의 좋은 건강에 달려 있으며 산모나 유모에게 가장 좋은 음식이란 그녀의 체질에 가장 적합한 음식이라고 생각된다.

그런데 여기서 아기에게서 젖을 뗀 후에 이유식(離乳食)을 할 때 아기에게 어떻게 음식물을 먹일까 하는 문제가 제기된다. 과거 수년 동안 여러 가지 다양한 종류의 곡식가루로 만든 음식을 먹이려는 노력이 있어 왔으나 그러한 음식은 애초부터 어린아이에겐 별로 좋지 않은 것이다.

우리는 술·양념·소금 등과 같이 자극적인 것을 아이에게 먹게 해서는 안 된다는 것을 각별히 명심해야 한다. 그런데 묘하게도 아이들은 이러한 음식에 강한 충동을 느낀다는 것은 잘 알려진 사실이다. 즉, 이런 사실은 그 음식물들이 어떤 자극제 구실을 하여 아직 발달되지 않은 아이들의 식욕에 구미를 당기게 하기 때문이다.

러시아에서는 브랜디를 잘 마시는 부모들이 자기 자녀들에게도 브랜디를 마시게 하는데 그러면서도 러시아인들이 강하고 튼튼한 민족이라는 사실은 주목되어 왔다. 그들이 그와 같은 자극적인 습관을 고수(固守)해 낼 수 있었다는 사실은 확실히 그들의 체질이 강하다는 사실을 입증해 준다. 그럼에도 불구하고 많은 사람들이 바로 그 습관으로 인해 죽게 된다는 것도 또한 사실이다. 왜냐하면 어렸을 때의 신경에 대한 강한 자극이 많은 병(심신 부조화)의 원인이 되기 때문이다. 아이들에게는 너무 뜨거운 음식이나 음료에 대해서도 세심한 주의가 필요하다. 왜냐하면 이러한 것들이 아이들의 체력을 약화시키는 원인이 되기 때문이다.

아이들의 혈온(血溫)은 성인의 혈온보다 원래 높은 상태에 있기 때문에 아이들에게는 너무 더운 옷이 필요하지 않다는 사실에 주목해야 한다. 일반적으로 성인남녀의 혈온이 화씨 96°에 이르는 반면, 아이들의 혈온은 화씨 110°나 되기 때문이다. 아마도 아이들은 성인들이 편한 상태에서 즐길 수 있는 온도에서도 질식하고 말 것이다. 옷을 너무 덥게 입는다거나 꼭꼭 둘러싼다거나 뜨거운 음료에 습관을 들이는 것은 성인들에게 있어서도 해로운 일이다. 왜냐하면 차게 지내는 습관이야말로 다른 무엇보다도 사람을 강하게 하는 것이기 때문이다. 그러므로 아이들에게 서늘하고 딱딱한 침대에서 지내게 하는 것은 건강에 좋으며 차가운 물에 목욕하는 것도 또한 좋은 일이다.

아이들의 식욕(허기)을 자극하기 위해서 어떠한 자극제

도 사용해서는 안 된다. 왜냐하면 허기는 활동과 일을 하고난 결과로서 느껴지는 것이어야 하기 때문이다. 이 때에도 아이가 의도적으로 식욕(허기)을 느낄 목적으로 그러한 일에 익숙해지도록 방관해서도 안 된다. 좋은 습관이든 나쁜 습관이든 그 습관이 아이들에게 인위적으로 형성되도록 권장하지 않는 것이 더 좋을 것이다.

미개한 국가 가운데에서는 아기를 천(강보)으로 둘러싸는 풍습을 전혀 찾아볼 수 없다. 예를 들면 아메리카 대륙의 미개한 민족에서는 땅에 구덩이를 파고 그 구덩이에 썩어가는 나뭇잎 가루를 흩뿌려 놓고 아이를 집어넣는다. 이렇게 하는 것은 상당한 정도 아이를 깨끗하고 건조하게 유지시켜 주는 데 도움이 된다. 이러한 구덩이에서 아이는 나뭇잎을 덮고 있는 상태 외에는 손·발을 자유스럽게 사용하면서 누워 있게 된다.

그래서 아이의 팔다리가 휘거나 부러지는 것을 막기 위해 아이를 항상 지켜보고 있지 않아도 된다. 우리 어른들이 아이들을 마치 미이라와 같이 꼭꼭 둘러싸는 것은 편리를 도모하자는 데 있다. 그러나 그렇게 아이를 둘러싸기 때문에 오히려 아이의 팔다리가 휘는 일이 자주 일어나고 있다. 또한 이로 인해 아이들은 불안하게 자라게 되며 그들의 수족을 거의 움직이지 못하게 함으로써 체념상태에 빠지게 한다. 그리고 나서 사람들은 아이를 소리 내서 불러줌으로써 울음을 그치게 할 수 있다고 생각한다. 그러나 만약 다 큰 성인(成人)이 그와 같은 상태에 놓였다고 가정해 보자. 그렇다면 우리는 울지도 않고 불편과 절망 속에 빠지게 된다는 것을 알게 될 것이다.

일반적으로 초기의 교육은 단지 소극적으로 행해져야 한다는 것을 우리는 명심해야 한다. 즉, 자연의 섭리에 그어떤 것도 부가해서는 안 되며, 단지 그러한 자연의 섭리가 올바르게 수행되는 것을 지켜보아야만 할 것이다.

만약 우리 성인의 입장에서 자연의 섭리에 무엇인가 부가할 것이 있다면 그것은 아이들을 강하게 단련시키는 과정이라고 볼 수 있다. 바로 이러한 이유로 해서 우리는 아이를 천으로 감싸는 습관을 버려야 한다. 우리가 아동을 보호하는데 어떤 주의가 필요하다고 생각되면 이에 대한 가장 적절한 방안으로서 이탈리아인들이 주로 이용하는 아르쿠키오(arcuccio)라고 불리는 가죽 끈이 달린 상자를 이용하는 방법이 있다. 이 방법에서는 산모가 젖을 먹일 때조차도 상자 밖으로 나오게 해서는 안 된다. 이 방법은 아이가 밤에 산모와 함께 잠자다가 질식되는 일(많은 아기들이 부모와 함께 잠을 자다가 질식되어 생명을 잃는다)로부터 보호를 받게 된다. 이 방법은 수족을 마음대로 움직이게 한다는 점에서 아이를 싸주는 방법보다 훨씬 낫다고 할 수 있다. 동시에 이 방법은 상처를 입게 한다거나 몸을 휘게 하는 것과 같은 그 어느 것으로부터도 몸을 보호해주는 데 도움이 된다.

아동의 조기 교육에 속하는 또 다른 관습으로 아이를 이리저리 흔들어 주는 방법이 있다. 아기를 흔들어 주는 가장 좋은 방법은 농부들이 일상적으로 사용하는 방식으로 요람을 줄에 매어 서까래에 걸고 줄을 당겨서 요람이 제 스스로 이쪽에서 저쪽으로 흔들리게 하는 방법이다. 그러나 아기를 흔들어 주는 방법은 전적으로 바람직하지 않다. 왜냐하면 앞뒤로 휘둘리는 것은 아이에게 해롭기 때문이다.

우리는 그네 타는 일(휘둘림)이 성인들에게 있어서도 종종 고통과 현기증을 느끼게 하는 것을 볼 수 있다. 유모는 아기를 앞뒤로 흔들어 줌으로써 그 아기를 기절하다시피 놀라게 해서 울지 않기를 바란다. 울음이란 아이에게 있어서 전부라고 할 수 있을 정도로 중요하다. 아이가 태어나 첫 숨을 들이키게 될 때 혈관 속의 피의 경로가 전환되면서 아이는 고통스런 느낌을 받게 된다. 이 때에 아이는 순간적으로 울음을 터뜨리게 되는데 우는 일에 소비되는 힘은 그 신체의 여러 기관들을 강하게 하고 발달시키게 하는 결과가 된다. 아기가 울 때 즉시 그를 달래려고 달려가는 것, 또는 유모들이 하듯 아이에게 노래를 불러주는 것 등은 매우 나쁘며 아이를 그르치는 일의 시초가 된다. 왜냐하면 아이는 자신이 원하는 것을 울음으로써 획득할 수 있다는 것을 일단 알게 되면 더욱더 울려고 하기 때문이다.

아이들은 일반적으로 끄는 줄이나 보행기를 이용하여 걷는 법을 배우게 된다. 그런데 걷는 문제에 대해 생각해 볼 때 일반적으로 사람들이 마치 인간이란 처음부터 교육을 받지 않고는 걸어 다닐 수 없다는 듯이 생각하여 아이에게 걷는 법을 가르쳐야 한다고 주장하고 있는 것은 참으로 놀라운 일이다. 그뿐 아니라 끄는 줄은 특히 아이에게 있어서 좋지 않다.

아이들은 모든 것을 잡으려 하고 마루에서 무엇이든지 집어 들려고 하기 때문에 그의 가슴은 끄는 줄에 의해 구속을 받게 된다. 그리고 아이의 가슴은 아직 미발달된 상태이므로 아주 작은 압력으로도 가슴을 평평하게 할 수 있으며 이 때 형성된 가슴의 형태가 나중에 성인이 된 뒤에도 그대로 유지되는 것이다. 더구나 어린이들은 끄는 줄을 이용한다고 해도 나중에 스스로 걸을 수 있을 때처럼 걷는 법을 확실히 배우게 되는 것도 아니다. 가장 좋은 방법은 조금씩 제 스스로 걷는 것을 배울 때까지 아이들로 하여금 스스로 기어 다니게 하는 것이다. 마루판자의 나무가시로부터 아기가 다치는 것을 막기 위해 털이 많은 융단을 깔아 주는 것이 좋으며, 이것은 동시에 아이가 넘어져서 다치는 것으로부터도 보호를 해주는 효과가 있다.

사람들은 일반적으로 아이들의 넘어질 때 어른들보다 더 충격을 크게 받는다고 생각한다. 그러나 실제로는 그렇지 않으며, 아이에게 있어서 때때로 넘어지는 일은 아무런 해도 주지 않는다. 아이들은 곧 몸의 균형을 잡을 수 있게 되고 넘어져도 다치지 않는 법을 스스로 배우게 된다.

아이의 머리에 가장자리가 넓게 채워진 모자를 씌워서 머리를 보호하는 습관이 있다. 사람들은 아이가 넘어져서 얼굴과 머리를 다치는 것으로 부터 방지하려는 의도에서 이 모자를 씌우는 것 같다. 그러나 이것은 자연이 인간에게 마련해 준 수단을 이용하도록 가르쳐 주는 대신에, 인공적인 기구를 사용하게 하는 단순한 소극적 교육에 불과하다. 여기서 말하는 자연이 부여해 준 수단이란 아이들의 양손을 말하는데 아이는 몸을 안정되고 균형 잡히게 유지하기 위해 두 손을 사용하게 되는 것이다. 아이에게 인공적인 기구를 사용하게 하면 할수록 그 아이는 그러한 인공적 기구들에 더욱더 의존하게 되는 법이다.

일반적으로 말해서 인공적인 기구는 적게 사용할수록 더 좋은 결과를 가져올 것이다. 그리고 이 때에 비로소 아이들은 스스로 보다 많은 사실들을 배울 수 있게 될 것이다. 그렇게 함으로써 그들은 보다 철저하게 여러 가지를 배우게 될 것이다.

예를 들어보면 아이들의 스스로 글쓰기를 배울 수 있다는 사실은 충분히 가능한 일이다. 왜냐하면 인간은 어떤 시기에 그 쓰기 방법을 스스로 발견해서 익힐 수 있게 되는데 그 발견이란 그리 어려운 일이 아니기 때문이다. 만약 어떤 아이가 빵을 달라고 요구해 온다면 그 아이에게 자신이 원하고 있는 것이 무엇인가를 그림으로 나타내 보라고 할 수도 있을 것이다. 그 때 그는 아마도 울퉁불퉁한 타원형의 모양을 그릴는지도 모른다. 그런데 이 때에 타원은 빵일 수도 있고 다른 것일 수도 있으므로 보다 정확하게 원하는 것을 다시 그려보라고 부탁하면 그 아이는 이

제 모종(某種)의 방식으로 「B」라는 문자를 표기하도록 지도받게 되는지도 모른다. 이런 방식으로 아이는 자신의 알파벳 문자를 고안해 낼 수도 있게 되는지는 모른다. 그러면 장차 아이들은 이것들을 다른 상징적 기호들로써 틀림없이 대체해 나가게 될 것이다.

아이들 중에는 특별한 결함을 가지고 이 세상에 태어나는 경우가 때때로 있다. 이러한 결함을 적절하게 치료해 줄 수 있는 방법은 전혀 없는 것인가? 많은 학자들의 의견에 따르면 보조기구는 그러한 결함을 제거하는 데 있어 아무런 소용이 없으며 오히려 그러한 보조기구는 혈액의 순환과 기분, 신체 내·외부의 건강한 성장·발전을 저해함으로써 더욱 악화된 결과를 초래할 경향이 있다고 결론을 내리고 있다.

아이를 자유스런 상태로 놓아두면 그 아이는 자신의 몸을 단련하는 운동을 할 것이며 반대로 보조기구를 사용하던 사람이 그 기구를 벗어 버리면 애초부터 기구를 전혀 사용하지 않던 사람보다 더욱 연약해지고 만다. 선천적으로 기형인 사람에게 기형된 신체부분이 아닌 근육이 더 강한 쪽에 무거운 물체를 올려놓는 것이 어떤 면에서 좋다고 할는지도 모른다. 그러나 이러한 방법은 올바른 균형이 무엇인지 모르는 아주 어리석고 위험한 방법인 것이다.

이러한 신체적 결함을 치료하는 최선의 방법은 먼저 아이로 하여금 스스로 자신의 사지(四肢)를 사용하도록 하는 일이며, 다음으로 아이가 곤란을 느끼게 될지라도 특정한 (균형된) 몸의 자세를 유지하게 함으로써 그 결함을 치료할 수 있다는 것을 알게 하는 일인 것 같다. 이 때에는 그 어떠한 보조기구도 그와 같은 경우에 아무런 소용도 없다.

아동에게 가해지는 모든 인위적인 조치들은 유기적이고 이성적인 존재를 만들고자 하는 데 있어, 신의 목적에 역행하여 추진된다는 점에서 아동에게 더욱더 해로운 영향을 끼치게 된다. 왜냐하면 신은 인간에게 인간 자신의 능력을 어떻게 사용하는가를 배우도록 하기 위해 자유를 지켜 나아가기를 요구하기 때문이다. 이러한 관점에서 교육이 할 수 있는 최선의 일은 아이들이 나약해지지 않도록 하는 것이다. 이것은 아동들로 하여금 나약함과 반대되는 강건한 습관에 익숙하게 함으로써 이루어질 수 있게 될 것이다.

아이들이 모든 일에 익숙하기를 바라는 것은 너무 위험스런 생각이다. 러시아인들은 이런 방향으로 너무 지나치게 치중하였기 때문에 큰 오류를 범하고 말았다. 그 결과 그들은 아이들에게 지나치게 심한 수련과정을 부과함으로써 수많은 아이들을 어린 나이에 죽게 만들었던 것이다.

습관이란 어떤 기호나 행동을 계속적으로 반복한 나머지 그러한 기호와 행동이 우리 인간성의 필연적 요소가 됨을 말한다. 담배 · 술 · 뜨거운 음료 등과 같은 고도의 자극 물질들은 다른 어떤 것보다 어린아이들이 쉽게 익숙해지기 마련이어서 여기에 물들지 않게 하기 위해 보다 신중한 경계가 있어야 한다. 이런 것들은 일단 한번 습관으로 굳어져 버리면 쉽게 떨쳐 버리기가 매우 어려운 것이다. 즉, 특정행동의 습관을 반복해서 사용했을 경우에 신체의 다른 조직 · 기관의 기능에 변화를 끼치기 때문에, 일단 습관화된 후에 그 습관을 단념하게 될 경우에는 처음에 심한 신체적 장해를 일으키게 된다.

인간은 보다 많은 습관을 형성하면 할수록 보다 덜 자유스러워지고 더욱 구속 상태가 된다. 이것은 인간이나 다른 동물에서나 다 마찬가지이다. 어렸을 때 어떤 습관에 익숙해지든 간에 일단 익숙해진 습관은 무엇이든지, 어떤 뚜렷한 습관이 성장한 후의 생활에까지도 계속 존속하게 된다. 그러므로 아이들이 어떤 습관을 형성하고자 할 때는 이를 지지해 주어야 하며, 어떠한 습관도 그들 속에서 조장되지 않도록 해야 한다.

많은 부모들은 자기의 자녀가 어떤 특정한 일이나 혹은 모든 일에 익숙해지기를 바란다. 그러나 이러한 생각은 바람직하지 못한 것이다. 왜냐하면 개개인의 독특한 성격뿐만 아니라 보편적인 인간성은 그와 같은 습관의 훈련을 모두 받아들일 수는 없으므로 결과적으로 다수의 어린이들이 전 일생을 통하여 훈련만을 받게 되는 도제(徒弟)의 상태로 머물고 말기 때문이다. 예를 들면 어떤 부모들은 아이들을 잠자리에 들게 하고, 일어나게 하고, 부모인 자기 자신들의 기호에 맞는 식사를 하게 한다. 그러나 아이들이 이런 방식의 생활을 무난히 해내기 위해서는 그 불규칙적인 생활로부터 기인하는 결점을 보완하고 신체를 건강하게 유지해 줄 수 있는 특별한 규정대로 따르지 않으면 안 된다.

실제로 우리는 자연 속에서도 이러한 규칙적인 현상의 실례를 많이 찾아볼 수 있다. 동물들도 잠자는 시간은 일정하게 정해져 있으며 인간 역시 신체의 기능이 교란(攪亂)되지 않도록 일정한 시간에 수면을 취하도록 해야 한다.

아이들이 일정한 시간에 식사를 해야 한다는 문제와 관

런하여서 동물의 경우를 들어서 적절하게 적용시켜 보기는 어렵다. 예를 들어 모든 초식동물들은 먹을 때마다 극히 소량의 영양분 밖에는 섭취하지 못하므로 초식동물은 계속해서 먹는 일, 즉 풀을 뜯는 일을 하게 되는 것이다. 그러나 사람에게 있어서는 항상 규칙적인 시간에 식사를 해야 한다는 사실이 상당히 중요한 의미를 가진다. 많은 부모들이 자기의 자녀가 강추위·악취·소음 등을 참고 견디어 내는 데 익숙하게 하려고 노력하고 있으나, 이는 사실 매우 부질없는 행동이다. 정작 필요한 것은 아이들로 하여금 그러한 습관을 형성하지 못하도록 하는 일이다. 그리고 그렇게 하기 위해서는 아이들이 동일한 조건에 항상 지배를 받지 않도록 하는 일이 무엇보다 가장 중요한 일이다.

부드러운 침대보다는 딱딱한 침대가 훨씬 더 건강에 유익하며, 일반적으로 말해서 신체를 건강하게 하는 데에는 엄한 교육이 매우 효과적이다. 여기서 우리는 엄한 교육이라는 말의 의미를 사람이 안일해지려는 경향을 지지하는 것으로 이해해야 할 것이다. 이러한 주장을 확신하게 해주는 주목할 만한 예는 적지 않은데 단지 그런 예를 관찰하지 않았던 것 뿐이다. 좀 더 정확히 말하면 사람들이 그것을 관찰하여 하려 않았을 따름이다.

인격의 훈련(사실상 어떤 의미에서는 이를 자연적 도야라고도 부를 수 있는)과 관련해서 보면 훈육은 절대로 노예적이어서는 안 된다는 사실을 우리는 명심해야 한다. 왜냐하면 아이들은 항상 자신의 자유를 의식하고 있어야 하기 때문이다. 이때 아동에게 자신의 자유가 다른 사람의 자유를 방해해서는 안 된다는 것을 알게 해야 하며, 다른 사람의 자유를 방해했을 경우에는 반드시 그 아이로 하여금 무슨 일을 못하도록 반대에 부딪히게 해야 한다.

대부분의 부모들은 자기 자녀의 인내력을 키워 줄 목적으로 자녀들이 요구하는 것을 거절해 버리지만, 그렇게 함으로써 부모들은 아이들에게 스스로 인내할 수 있는 한계를 넘어서 너무 과도한 인내를 요구하는 것이 되고 만다. 이것은 너무 심한 요구이다. 그렇게 하는 것보다는 아이와 의견이 일치된 것은 되도록 많이 들어 주고 나서 "그 정도면 충분해" 라고 말해 주는 것이 좋다. 단 이러한 결정은 최종적으로 하지 않으면 안 된다. 아이가 울면서 무엇인가를 또 요구할 경우 그러한 아이에게는 관심을 기울여 주거나 그 요구에 응해 주어서는 안 된다. 즉, 울음으로써 무엇인가를 무리하게 요구한다면 그러한 아이의 요구는 들어주어서는 안 된다는 것이다. 그러나 적절한 방법으로 정당하게 요구해 온다면 그들에게 도움이 되는 것일 경우에는 마땅히 응해 주어야 한다. 이렇게 함으로써 아동들은 허심탄회한 너그러운 마음을 갖게 될 것이며 또한 울음으로써 다른 사람들을 괴롭히지 않게 되므로 모든 사람이 다 그에게 친절하게 대해 줄 것이다.

신은 정말로 어른들의 마음을 사로잡을 수 있는 교묘하고 성공적인 방법을 아이들에게 부여해 준 것 같다. 아이의 고집을 꺾기 위해 그들에게 노예같이 맹목적인 복종을 강요하는 훈련을 시키거나 조종하는 것은 더할 나위 없이 가장 해로운 일이다.

생후 8개월까지 아이의 시력은 충분히 발달하지 않는다. 사실상 이 시기에 있는 아이는 빛에 대한 감각을 경험하기는 하지만 아직 특정의 물체를 다른 물체로부터 구별해 내지는 못한다. 이러한 사실을 실지로 확인해 보기 위해서 아기 눈앞에 반짝이는 물건을 들고 있다가 치워 버리면 아기의 눈이 그 물체를 따라가고 있지 않음을 쉽게 알 수 있게 된다.

아이가 시각을 느낄 수 있게 됨과 거의 동시에 웃고 우는 기능도 발달하기 시작한다. 아이들이 일단 그러한 단계에 도달하면 희미하기는 하지만 어느 정도의 추론능력(推論能力)이 생기게 된다. 아이들은 무엇인가 자기에게 해가 끼쳐진다는 생각에서 우는 행위를 보이는 것이다. 루소는 6개월쯤 된 아기는 손으로 가볍게 두들겨 주기만 해도 마치 불타고 있는 나무 조각에 접촉된 것처럼 크게 소리를 지를 것이라고 하였다. 이때의 아이는 단순한 신체상의 상해 외에도 실제로 불안감을 느끼게 된다.

부모들은 자신들의 고집을 꺾는 일에 관하여 많은 이야기를 하지만 그 아이들이 이미 크게 잘못 되지 않는 한 구태여 아이들의 의지를 꺾으려고 할 필요는 없다. 아이 자신이 나중에 가서 이러한 나쁜 태도를 고치기를 기대하기는 매우 어려운 일이며 사실상 거의 고쳐지지도 않을 것이다.

우리는 아이들이 울지 못하게 억제하거나 또는 우리를 불안해하지 않게 할 수도 있으나, 그것이 자꾸 쌓이다 보면 내면적으로 더욱 큰 분노를 만들게 되고 만다. 이런 식으로 해서 아이는 감정을 숨기는 일에 익숙해지며 마음이 동요하는 것에도 익숙해지게 된다. 부모가 금방 아이를 데리고 난 후 그 아이에게 돌아서서 부모의 손에 입 맞추게 하는 벌을 당연한 것처럼 생각하는 것은 참으로 납득이

가지 않는다. 이러한 행위는 아이들에게 위선과 거짓을 가르치는 일과 하등 다를 것이 없다. 아이들이 자신에게 내려진 징벌에 대하여 감사를 느낄 만큼 각별한 호의를 가지고 부모의 회초리를 받아들이는 것은 아니기 때문에 자신에게 벌을 준 장본인의 손에 입을 맞출 때의 아이의 감정을 우리는 쉽게 상상해 볼 수 있는 것이다.

우리는 아이들에게 흔히 "부끄럽지도 않느냐! 그런 일도 못하다니"라는 식의 말을 한다. 그러나 이런 투의 표현은 교육의 초기단계에 있어서 전혀 이로울게 없는 것이다. 왜냐하면 아이들은 아직 수치심이나 자신의 품위를 전혀 느끼고 있지 않기 때문이다.

아이에게는 부끄러울 것이 하나도 없으며 또한 부끄러워해서도 안 된다. 그러므로 위와 같은 식의 표현은 단순히 아이들을 소심하게만 만들 뿐이다. 그래서 그런 아동은 다른 사람 앞에서 당황하게 될 것이며 동료들을 멀리하려고 하는 경향을 갖게 될 것이다. 바로 이러한 사실로 인해서 침묵만을 지킨다거나 모든 것을 내적으로 은폐하려는 좋지 못한 습관이 형성되게 된다. 그래서 자신이 원하는 것이 있으면 무엇이든지 요구할 수 있는 기회가 주어져도 그는 어떠한 것도 요구하기를 두려워하게 되며, 솔직하고 자유롭게 이야기할 수 있는 경우에도 본래의 자신의 성격을 숨기고 항상 현재의 자신이 아닌 다른 면모로 나타내 보이게 된다. 그리고 그는 항상 자기 부모와 가까이 있으려 하지 않고 오히려 자기집 하인들과 친하게 지내기를 더 좋아하게 될 것이다.

아동을 양육하는 데 있어서 아이를 귀찮게 하는 것보다 더욱 좋지 않은 교육은 아이들과 계속해서 함께 놀아주고 돌보아 주는 양육방법이다. 이러한 양육방법은 아이의 고집을 세게 만들고, 다른 사람을 기만하는 태도를 가지게 하고, 또 아이에게 은연중에 부모의 약점을 드러나게 함으로써 부모에 대한 존경심을 사라지게 만든다.

이와는 반대로 단지 울기만 해서는 아무것도 얻지 못하게 된다는 것을 훈육을 통하여 알게 한다면 더 이상 거만하지도 않고 솔직해질 것이며 소심하지 않고 신중한 태도를 취하게 될 것이다.

거만한 태도 또는 불손한 행동도 우리가 배척해야 할 행동이다. 계속적으로 거만한 행동을 보이는 사람에게서 다른 사람들은 무의식적으로 그의 무례한 행동을 연상하게 된다. 그러나 우리는 그가 모든 사람에게 다 무례하게 굴 수 있는 것은 아니라는 사실을 알아야 한다.

이제 우리의 정직한 마음에 친절성이 함께 겸비된다면 항상 솔직한 태도를 가지게 될 것이다. 흔히 상류계급의 사람들은 귀족적 기풍을 지니고 있다고 말하지만 그러한 기풍은 선천적으로 갖게 되는 것이 아니다. 그들이 일생을 통하여 그 어떤 곤란이나 반대에도 부딪혀 본 적이 없었던 결과로써 갖게 되는 것일 뿐이다.

하류계층의 사람들은 마치 원숭이처럼 자기 자식들과 함께 놀아 주고 노래 부르고 보살펴 주고 입 맞추어 주고 또 춤도 추어주기 때문에 확실히 그들의 자녀들이 상류계층의 자녀들보다 훨씬 버릇이 없게 된다고 말할 수 있다. 그들 하류계층의 사람들은 아이가 울 때면 항상 달려가서 보살펴 주고 함께 놀아주고 하는 행동이 아이에게 큰 친절을 베풀어 주는 것이라 생각하지만 실제로는 그러한 행위들은 아이를 더욱더 울게 하는 결과만을 초래할 뿐이다. 그 반면에 우는 아이에게 아무런 관심도 보여주지 않으면 그 아이는 마침내 스스로 울음을 그치고 말 것이다. 왜냐하면 어린아이이건 성인이건 그 누구도 해보아도 소용없는 일을 계속하려고 하는 사람은 아무도 없기 때문이다.

아이가 어렸을 때 자신의 비위를 맞춰 주는 일에 습관이 들게 되면 나중에는 그의 고집을 쉽게 꺾을 수 없게 된다.

그러나 아이의 우는 행동을 전혀 무시해 버린다면 곧 아이는 우는 일에 제 스스로 지쳐 버리게 된다. 그러나 아이의 일시적인 변덕을 만족시켜 주면 성격과 태도 모두가 버릇없게 되고 만다.

사실 아이에게는 예의라는 개념이 형성되어 있지는 않지만 제멋대로 하도록 방관하는 것은 아이들의 자연적 본성을 해치는 것이 되므로 어린 시절에 너무 관대하게 대해 줌으로써 야기된 나쁜 습성을 없애기 위해서는 보다 강력한 대처방안이 필요하다. 나중에 가서 아이들이 원할 때마다 응해주던 습관을 없애려고 할 때에는 아이들은 신체적으로 표출할 힘을 가지고 있지 못하므로 성인에게서나 볼 수 있는 맹렬한 분노를 수반하면서 울음을 터뜨린다.

어쨌든 이러한 사실은 우리가 예상했던 바의 것이다. 왜냐하면 단순히 자기가 원하는 것을 얻고자 우는 일에 습관이 된 아이들은, 이미 모든 것을 자기가 하고 싶은 대로 하려고 하는 독재자가 되었기 때문에 그들의 습관이 하루아침에 무너지게 될 때 당연히 고통을 느끼게 되기 때문이다. 높은 지위에 얼마 동안 몸담고 있던 성인들조차도 그 자리를 물러나라는 통보를 받게 되면 상당한 충격과 고통을 받게 되는 법이다.

우리는 여기에서 쾌락과 고통의 감정을 어떻게 단련시켜야 하는가에 관하여도 논의를 해야 한다. 쾌락과 고통의 감정을 단련시키는 문제에 있어서 우리의 역할은 소극적이어야 한다. 즉, 아동들의 감각은 그냥 방임해 둔다고 해서 손상되는 것이 아니라는 것을 깨달아야 한다. 인간에게 있어서 편해지려고 하는 마음은 다른 모든 생활의 질병보다도 가장 해롭다. 그러므로 아이들에게 어렸을 때부터 일을 가르치는 것이 아주 중요하다. 만일 아이들이 어떤 특정한 일에 지나치게 몰두하지만 않는다면 노력을 필요로 하는 오락이나 힘을 들여야만 하는 일에도 자연히 흥미를 느끼게 될 것이다.

쾌락에 관하여 말하자면 아이들로 하여금 너무 호사스러운 것을 좋아하도록 그냥 내버려 두지 않는 것이 좋으며, 마음대로 선택하도록 허용해 주는 것도 좋지 않다. 대체적으로 가정의 어머니들은 이런 방식으로 아이들을 망치고 있으며 또 너무 과도하게 아이들을 많은 일에 열중하게 하려는 경향이 있다. 그럼에도 불구하고 아이들 특히 사내아이는 어머니보다 아버지를 더 좋아하는 것을 쉽게 찾아볼 수 있다. 이러한 사실은 아마도 어머니들이 너무 세심한 나머지 아이들이 다칠까 염려해서 그들이 하고 싶은 만큼 자유로이 활동하도록 놓아두지 않기 때문일 것이다. 반면에 아버지들은 엄격해서 아이들이 버릇없이 굴 때는 호되게 벌을 주지만 때때로 야외로 데리고 나가 즐거운 놀이를 함께 해주곤 하기 때문일 것이다.

아이들이 원하는 것을 오랫동안 기다리게 함으로써 그들에게 인내심을 키워 줄 수 있다고 생각하는 사람이 많다. 그러나 이러한 생각은 비록 인내심이 요구되는 때나 어떤 질병에 걸렸을 경우라도 거의 불필요한 생각이다. 인내심은 모든 희망을 포기하는 상태와 계속해서 새로운 용기를 획득하고자 하는 상태의 양면적인 특성이 있다. 우리가 얻고자 희망하는 것이 가능하려면 전자(희망을 포기하는 상태)는 불필요한 것이다. 그리고 우리가 추구하는 것이 옳기만 하다면 우리는 후자(계속해서 새로운 용기를 획득하고자 하는 상태)를 항상 추구해야 한다.

병에 걸렸을 경우에 희망을 잃는 것은 용기를 가짐으로써 호전될 수도 있는 상태를 더욱 악화시켜 버리기도 한다. 그러나 육체적 또는 도덕적 조건에 대해 용기를 가질 수 있는 여력이 있는 사람은 모든 희망을 쉽게 포기하지는 않을 것이다.

이미 언급된 것처럼 우리는 아이들의 의지를 꺾어서는

안 되며 자연적인 장애에 스스로 굴복하게 하는 것이 좋을 것이다. 아이들이 어렸을 때는 무조건 복종하게 해야 한다는 것은 사실이다. 아이가 울음으로써 자기가 하고자 하는 대로 요구하는 것이나 강한 자가 약한 자에게 복종하는 것은 온당치 못한 일이다. 아주 어렸을 때부터라도 아이가 울기 때문에 달래주거나 기분을 맞춰 주어서는 안 되며 운다고 해서 그것을 달래기 위해 사실을 왜곡하거나 억지와 타협해서는 안 된다.

부모들은 이 점에 대해서 오류를 범하곤 한다. 그리고 나서 부모들은 장차 아이들을 제멋대로 방임한 결과를 정상적인 상태로 회복하고자 아이들이 원하는 것은 무엇이든지 부정해 버린다. 그러나 단순히 아이들을 반대할 목적으로 아이가 부모의 따뜻한 사랑으로부터 자연스럽게 기대하는 것이 무엇인지에 대해 아무런 주의도 없이 아이의 요구를 무조건 거절하는 것은 정말 그릇된 행동이다. 그리고 그렇게 하는 것은 약자인 아이들을 더욱 약하게 하는 것이며 부모들이 더욱 월등한 힘을 가졌음을 과시하는 것에 불과하다.

아이들이 요구하는 대로 다 들어주면 그들을 버릇없게 만들게 되고 또한 고의적으로 그들의 요구를 방해하는 것은 아이를 양육하는 데 있어서 전적으로 잘못된 방법이 되고 만다.

전자(아이를 버릇없게 만드는 일)는 대체적으로 부모들이 아이를 노리개인 양 다룰 때, 특히 아이가 말을 하기 시작하는 기간에 일어난다. 그리하여 이는 아이의 전 생애에 나쁜 영향을 끼치는 아주 커다란 해악이 되고 만다. 아이의 요구를 거절하고자 하는 사람들은 동시에 이에 대한 아이의 분노를 겉으로 나타내지 못하도록 해야 한다(그리고 반드시 분노심을 억제해하여야만 한다). 그러나 어린아이들은 스스로 자신을 통제하는 능력을 아직 익히지 못하였기 때문에 그들의 내적 격분은 더욱더 커질 것이다.

따라서 다음의 규칙들이 어릴 때부터 아이들에게 지켜져야 할 것이다. 즉, 아이들이 울 때나 아이에게 신체적 위협이 있을 것 같다는 판단이 내리게 되면 그들에게 도움을 주어야 한다. 반면에 그저 성격상 울 때에는 관심을 보이지 말고 그대로 방관해 버려야 한다. 이런 식으로 아이들을 다루는 방법은 그들이 나이가 들 때까지 계속되어야 한다. 이러한 경우에 아이들이 겪는 반대는 매우 당연한 것이며, 보다 정확히 말하자면 단순히 아이의 응석을 받아주지 않는 소극적인 것이라고 할 수 있다.

한편 많은 아이들이 고집스런 요구를 해서 부모에게서 자기가 원하는 것을 얻고자 한다. 만약 아이들이 운다고 해서 그들이 원하는 것은 무엇이든지 갖도록 해준다면 그 아이는 나쁜 성질을 갖게 될 것이다.

또한 그들이 요구해서 원하는 것을 모두 얻게 된다면 그들의 성격은 소심스런 것이 되고 말 것이다. 그 어떤 반대할 만한 중요한 문제가 없다면 아이들의 요구는 정당하게 받아들여져야 한다. 그러나 꼭 반대할 이유가 있다면 그 요구가 아무리 반복된다 할지라도 받아들여져서는 안 된다. 거절은 항상 최종적인 것이어야 한다. 거절은 곧 아이에게 요구를 반복하는 일이 더 이상 불필요하다는 것을 알게 해줄 것이다.

극히 드물게 있는 일이기는 하지만 아동이 천성적으로 고집이 센 경향이 있다면 다음과 같은 방법으로 다루는 것이 좋다. 즉, 아이가 우리에게 만족된 행동을 보여주지 않는다면 우리도 아이를 만족시켜 줄 수 있는 그 어떤 것도 베풀어 주지 말아야 한다.

아동의 의지를 꺾는 것은 아동을 노예처럼 만들게 되지만 자연적 반대는 그를 온순하게 만든다.

제3장
교수(도야)

교수(도야)

자연적 교육의 적극적인 부분이 도야이다. 이 도야가 있음으로 해서 비로소 동물과 인간을 구별할 수 있게 된다. 도야는 주로 정신적인 기능(능력)을 단련하는 일과 관련된다. 부모들은 자신의 자녀들에게 그와 같은 정신적 기능의 단련을 하기 위한 기회를 제공해 주어야 한다. 여기서 최우선적인 규칙인 동시에 가장 중요한 규칙은 가능한 한 아이들에게 모든 인위적인 도움을 주어서는 안 된다는 것이다. 따라서 유아기 때 걸음마를 배우는데 끈과 보행기를 사용하지 말고 그 대신에 아이가 스스로 걷는 것을 배울 때까지 땅에서 기어 다니게 해야 한다. 그렇게 하면 아이는 더욱 견실(堅實)하게 걸을 수 있게 될 것이다. 왜냐하면 인위적인 도구를 사용하면 천부적인 민첩성은 파괴되고 말기 때문이다.

사람들은 어떤 일정한 거리를 눈으로 충분히 측정해 낼 수 있을 때에도 거리를 재는 도구로써 끈을 사용하려 한다. 또 태양의 위치를 보고서 시간을 알 수 있는데도 불구하고 시간을 알기 위해 시계를 원하거나, 낮에는 태양의 위치에 의해서, 밤에는 별의 위치에 의해서 방향을 알 수 있음에도 불구하고 숲속에서 길 방향을 알기 위해 꼭 나침반을 이용하려고 한다. 사실 배가 없어도 우리는 강을 헤엄쳐 건너갈 수 있을 것이라고 말하기도 한다.

프랭클린(Franklin)은 수영이 상당히 재미있고 또 유용한 것인데도 불구하고 왜 모든 사람들이 수영을 배우려 하지 않는지 의아하게 생각하고, 수영을 독학할 수 있는 쉬운 방법을 다음과 같이 제안한 바 있다. "시냇물에서 물이 목까지 차는 곳에 서서 물속에 달걀 하나를 떨어뜨리고 그것을 찾으려고 애써보라. 달걀을 찾으려고 몸을 앞으로 구부릴 때 자연이 발을 움직이게 되며, 입에 물이 들어가는 것을 막기 위하여 머리를 뒤로 젖히게 될 것이다. 이렇게 하면 이제 수영하기에 적당한 자세가 된다. 남은 일은 실제로 수영할 수 있게 되었는가를 알아보기 위해서 팔을 움직여 물을 헤엄쳐 나가기만 하면 된다."

여기에서 천부적인 능력은 개발되어진다는 사실을 알아야만 한다. 그 능력이 개발되려면 때때로 교수법이 필요하다. 아동의 정신은 충분히 창의적인 능력이 있기도 하고, 때로는 독자적으로 도구를 발명해 낼 수도 있다.

신체훈련에 관한 자연적 교육에서 지켜져야 할 사실들은 아동의 자발적 운동과 감각기관의 문제와 관련된다. 이 중 자발적 운동으로서 먼저 필요한 것은 항상 아동이 자기 스스로 행하도록 해야 한다는 점이다. 이렇게 하기 위해서는 아동에게는 강직성·능숙성·민첩성·자신감 등의 능력을 필요로 한다. 예를 들어 좁은 길을 따라 걷는다거나 가파른 산과 깊은 계곡을 오르내린다거나 가느다란 판자 위를 건너가는 등의 행동을 할 때에 그러한 능력이 적용되는 것이다. 만약 사람에게 그러한 능력이 갖추어지지 않는다면 미래의 온전한 인물이 되지 못할 것이다.

데사우(Dessau)에 있는 실험학교인 〈범애학교〉(汎愛學校)가 본보기가 된 이래로 이러한 유형의 시도가 다른 학교에서도 어린이를 대상으로 많이 시도되어 왔다. 스위스 사람들이 어떻게 해서 유아기 때부터 산에 오르는 데 습관이 들게 되었으며, 어떻게 그들이 완전한 자신감을 가지고 용감하게 위험을 무릅쓰면서 좁은 길을 따라갈 수 있으며, 자신의 능력으로 뛰어넘을 수 있는 거리인가 아닌가를 눈으로 먼저 재 보고 넓게 갈라진 사이를 뛰어넘게 되는가를 보면 참으로 놀라움을 금치 못한다.

대부분의 사람들은 무엇인가를 뛰어넘을 때 추락하게 될 위험을 머릿속에 그리게 되고 두려움을 느끼게 된다. 그리고 이 두려움은 실제로 그들의 손·발을 마비시켜서 그들이 막상 행동에 옮기려 할 때에는 정말로 위험스런 결과가 따르게 마련이다. 이런 두려움은 일반적으로 나이가 들어감에 따라 더욱 커지게 되는데, 특히 정신노동자들에게서 주로 발견되고 있다.

한편 아동들이 그러한 행동을 시도할 때에는 실제로 그와 같이 위험하지는 않다. 왜냐하면 우선 몸무게가 어른에 비해서 훨씬 가볍기 때문에 멀어진다고 하더라도 그렇게 심하게 충격을 받지는 않기 때문이다. 그 밖에도 아이들의 뼈는 어른들보다 훨씬 유연하고 무르다. 아이들은 종종 자발적으로 자신의 힘을 증명해 보이기 위해 그 힘을 사용하곤 한다. 그 한 예로써 우리는 아이들이 특별한 이유도 없이 높은 곳을 기어오르는 모습을 자주 본다.

달리기는 건강에 유익하며 신체를 튼튼하게 해준다. 그리고 뛰어오르기, 무거운 물건 들어올리기, 물건 나르기, 던지기, 표적을 향해 던지기, 레슬링, 기타 육상경기 등과 같은 모든 운동은 건강에 좋다. 춤 중에서도 너무 복잡하고 정교한 춤은 아이들에게는 적합하지 않다.

멀리 던지기 또는 표적 맞추기 등의 던지기 운동은 감각 특히 시력을 단련시키는 부가적인 효과를 가져다 준다. 공을 가지고 노는 경기는 건강에 좋은 달리기를 필수적으로 수반하게 되므로 아이들에게 있어 가장 좋은 운동에 속한다.

일반적으로 말해서 그러한 운동들은 감각훈련과 기능 발달을 통합하게 하는 아주 좋은 운동이다. 예를 들면 거리·크기·비례 등을 정확히 판단하고자 할 때 그리고 낯선 곳에서 태양이나 그 밖의 것을 수단으로 자기가 있는 곳의 위치를 알고자 할 때 시력을 단련시키게 되는 것이다.

이 모든 것들은 훌륭한 훈련이라고 할 수 있다. 그러한 감각운동을 통하여 얻을 수 있는 커다란 이점은 공간적 상상력으로 과거에 본 경험이 있는 사물의 정확한 위치를 생각해 내는 능력의 획득이다. 예를 들면 우리는 앞서 지나

쳤던 나무들을 주의 깊게 살펴봄으로써 숲에서 나온 길을 발견해 낼 수 있는 것과 같은 것이다. 이것과 같은 방식으로 위치 기억은 과거에 읽었던 책의 내용이 어떤 책, 어느 부분에 있는가를 상기시켜 준다. 또 음악가들은 그들의 마음(눈) 속에 음조(音調)를 가지고 있기 때문에 작곡을 할 때에 실제의 악기는 필요하지 않다. 아이들의 귀(듣는 능력)를 발달시켜 주는 것은 대단히 유용하다. 그렇게 되면 그들은 들려오는 소리가 멀리서 혹은 가까이서 들리는 것인지 이쪽 혹은 저쪽에서 들리는 것인지 알 수 있게 된다.

술래잡기(소경놀이)로 불리는 아이들의 놀이는 그리스 사람들 사이에 널리 퍼져 있었다. 일반적으로 말해서 아이들의 놀이는 세계 어느 곳에서나 비슷하다. 즉, 독일에서 볼 수 있는 놀이는 또한 프랑스, 영국 기타 다른 지역에서도 찾아 볼 수 있다. 놀이의 원칙은 본질적은 면에 있어서 모든 아이들에게 공통적이다. 예를 들면 술래잡기(소경놀이)는 신체의 감각기관 중에서 한 부분이 없을 경우(예컨대 이 놀이에서는 눈) 어떻게 행동하게 되는가를 알고 싶어하는 일종의 욕망에 의한 발로라고 볼 수 있다.

팽이 돌리기는 매우 흥미로운 놀이이다. 이 놀이는 어른들에게 더욱 숙고해 볼 수 있는 문제를 제공해 주고, 이따

금 중대한 발견을 유발하기도 한다. 그래서 세그너(Segner)
는 팽이에 관한 논문을 쓴 바 있는데 이는 한 영국 선장이
거울을 발견하는데 기초자료를 제공해 주는 결과가 되었
다. 그는 그 거울을 이용하여 배로부터 별까지의 거리를
잴 수 있게 되었다.

아이들은 트럼펫이나 드럼 및 이와 유사한 시끄러운 악
기를 좋아한다. 그러나 이러한 악기들은 다른 사람들에게
폐를 끼치게 되므로 저지를 받게 마련이다. 하지만 아이
들이 켜는 방법을 배워 소리를 조절할 수 있게 되면 다른
사람들에게 덜 방해가 될 것이다.

그네 타기는 아이들에게 뿐만 아니라 어른들에게도 건
강에 유익한 운동이다. 그러나 아이들은 그네가 너무 빨
리 흔들리지 않도록 주의해야 한다. 연날리기 또한 모든
사람들이 좋아하는 놀이이다. 연은 바람 부는 방향과 반
대된 적절한 위치에서 날게 되기 때문에 능숙한 기술을 필
요로 한다.

이상과 같은 놀이를 통하여 아동들은 스스로 자신이 바
라는 다른 욕구를 자제하는 훈련을 하게 된다. 그럼으로
해서 그 밖의 더 큰 부자유에 대해서도 무의식적으로 자신
을 훈련하게 될 것이다. 더 나아가서 아동은 끊임없이 계

속되는 작업에 대해서도 익숙하게 될 것이다. 바로 그러한 이유 때문에 놀이는 단순한 놀이로 끝나는 것이 아니라 어떤 목적과 목표를 지닌 놀이가 된다. 왜냐하면 이 같은 방식으로 아동의 신체가 더욱더 강건해짐으로써 지나친 방임으로 인한 파멸적 결과로부터 구제가 더욱더 확실해 지기 때문이다. 또한 체조 역시 자연을 지도하려는 의도에서 행해지는 것이므로 인위적인 우아함에 그 목적을 두어서는 안 된다.

훈육은 교수보다 선행되어야 한다. 그러나 아이들의 신체를 훈련시키는 데 있어서 그들이 사회에 적절하게 적응할 수 있도록 보살펴 주어야 한다. 루소는 "거리의 개구쟁이 시절을 보내지 않고는 결코 유능한 인물이 될 수 없다"고 말한 바 있다. 즉, 활동적인 아동은 잘난 체하고 건방진 아이들보다 더 빨리 훌륭한 사람이 될 수 있을 것이다.

아동은 동료 친구들로부터 말썽을 부리거나 아부하는 태도를 배워서는 안 된다. 또 다른 사람의 초대에 주제 넘는 행동을 보여서는 안 되며 뻔뻔스럽지 않은 솔직한 사람이 되어야 한다. 아이를 그러한 사람이 되도록 하기 위해서 우리가 알아두어야 할 것은 단지 소심하고 수줍음 잘타는 아이로 만드는 것을 선행이라는 명목으로 강요함으로써 아이의 본성을 해친다거나 제 고집대로 주제넘게 나서는 행동을 아이들에게 권함으로써 본성을 해쳐서는 안 된다는 점이다.

아동에게 있어서 지나치게 조숙한 행동과 지나친 자만심보다 더 어리석은 것은 없다. 조숙하고 건방진 아동에게는 자신이 나약하다는 것을 무엇보다도 먼저 깨닫도록 해야 한다. 그러나 동시에 우리 성인의 우월감이나 완력으로 아이들을 억압해서도 안 된다. 아동이 그 자신의 개성을 개발시켜야 한다고 할지라도 그 아동에게 뿐만 아니라 다른 사람 모두에게 있어서도 방대한 사회의 구성원으로서 활동하지 않으면 안 된다.

제4장

정신의 계발

정신의 계발

이제부터 우리는 정신의 계발문제를 다루게 되는데 어떤 의미에 있어서는 이 정신의 계발을 자연적 교육이라 할 수도 있을 것이다. 그러나 우리는 본성과 자유의 개념을 구별해야만 한다. 자유에 모종의 법칙을 부여하는 것은 인간의 자연적인 본성을 교화하는 일과는 전혀 별개의 문제인 것이다.

인간은 도야를 통하여 자연 그대로의 신체적 본성과 마음의 본성이 손상되는 것을 방지하며 예술은 그 두 본성 모두에 무엇인가를 가미한다는 점에서 신체적 본성과 마음의 본성은 서로 일치한다. 그러므로 어떤 의미에서는 정신의 계발은 바로 신체의 계발과 마찬가지로 자연적 교육이라고 말할 수 있다.

그러나 도덕적 훈련이 자유에 목적을 두는 반면, 정신의 자연적 계발은 본성에 목적을 둔다는 점에 있어서 구별되어야 한다. 인간은 신체적으로 고도로 발달할 수 있으며 정신적으로도 잘 도야될 수 있지만 도덕적 도야가 부족하게 되면 단지 사악한 인간이 되고 말 것이다. 그러나 자연적 도야는 실천적 도야(실용적 또는 도덕적인)와 구별되어야 한다. 실천적 도야의 목적은 도야에 있는 것이 아니라 오히려 덕성에 있는 것이다.

정신의 자연적 계발은 ① 자유로운 도야와 ② 학구적 도야의 두 분야로 구분될 수 있을 것이다. 말하자면 자유로운 도야는 놀이라고 할 수 있는 반면 학구적 도야(학교 도야)는 해야 할 일들로써 이루어진다. 아이들의 자유로운 도야에는 우리가 항상 감시해야 한다. 반면에 학구적 도야에 있어서 아이들은 일종의 구속을 받는 것으로 간주한다. 우리가 자유롭게 운동을 즐길 때는 여가시간을 즐기고 있는 것이라 말할 수 있지만 그것이 다른 사람의 강제에 의해서 하게 된 것일 때에는 일(작업)이라고 말한다. 학구적 도야는 아이를 위한 일들로써 구성되는 것이며, 자유도야는 놀이로써 구성된다.

가장 가치 있는 활동이라고 할 수 있는 최선의 교육방법을 찾아내기 위하여 여러 사람들에 의해 다양한 교육계획이 구성되어 왔다. 그 중의 어떤 사람들은 아이들이 모든 것을 놀이의 형태로써 배우도록 해야 한다고 주장하고 있다. 이와는 달리 리히텐베르크는 《괴팅겐》 잡지의 기사에서 아동들에게 모든 것을 놀이와 같은 형태로 제시해 주려고 하는 것은 어리석은 짓이라고 비난하면서, 아이들도 언젠가는 직업생활을 해야 하므로 어릴 때부터 중요한 일에 익숙해져야 한다고 주장하였다. 그러나 리히텐베르크의 생각은 너무도 불합리한 주장이다. 아이들도 일하는 법을 배워야 하기도 하지만 반드시 자유롭게 뛰놀도록 해야 하며, 즐거운 오락시간을 보낼 수 있어야 한다.

정신의 도야가 훌륭한 것과 마찬가지로 기술을 연마하는 것도 훌륭한 것이라는 점은 의심할 여지가 없다. 그러나 이 두 종류의 도야에 할애되는 시간은 반드시 구별되어야 한다. 더구나 인간은 원래 몸을 움직이려고 하지 않는 게으른 경향이 있는데, 이것은 무척이나 불행스런 일이다. 인간에게 있어서 이러한 경향이 깊어지면 깊어질수록 일을 하려는 마음이 생기기는 더욱 어려워질 것이라는 사실을 쉽게 알 수 있다.

일로서의 활동은 그 자체가 즐거운 것은 아니지만 어떤 예상적 목적을 성취하려는 의도에서 그 일을 하게 된다. 반면에 놀이에 있어서의 활동은 또 다른 예상적 목적을 가지고 있지는 않지만 그 자체로서 유쾌하고 즐거운 일이다. 예를 들어 우리가 산책을 할 때에는 산책 그 자체를 위한 것이므로 산책로가 길면 길수록 더욱 즐겁고 유쾌한 마음이 생긴다. 반면에 어떤 특별한 목적지까지 가고자 할 때에는 그 곳에서 친구를 만난다거나 어떤 다른 일을 성취하려는 의도에서 가는 것이 되기 때문에 될 수 있으면 가장 빨리 갈 수 있는 지름길을 자연히 택하게 되는 것이다.

이와 유사한 현상이 카드놀이에서도 일어난다. 사리를 판단할 줄 아는 어른들이 수 시간 동안 지칠 줄도 모르고 카드놀이에 열중하는 것은 참으로 놀라운 일이 아닐 수 없다. 어른이 되어서도 유아적 상태를 벗어나기가 그리 쉬운 일은 아닌 것 같다. 도대체 어른들이 하는 카드놀이와 아이들의 공놀이가 다를 게 무엇인가? 아이들이 끔찍이도 좋아하는 목마타기를 성인들은 좋아하지 않지만 대신에 성인들은 성인들만의 또 다른 즐거운 취미에 재미를 들이고 즐기고 있는 것이 사실이다.

아이들이 일하는 것을 배워야 한다는 사실은 대단히 중

요한 일이다. 인간은 일을 해야만 하는 유일한 동물이다. 인간은 무엇인가를 즐기기 이전에 자신의 생계를 위해 오랜 기간의 도제생활을 거쳐야만 한다. 신(神)이 왜 우리 인간에게 원하는 필요한 물건들을 일하지 않고도 향유할 수 있는 친절을 베풀어 주지 않았는가라는 질문에 대해 분명히 부정적인 대답을 할 수 밖에 없다. 왜냐하면 인간이란 직업이 상당한 정도 자신을 구속한다고 할지라도 일을 필요로 하기 때문이다. 만약 아담과 이브가 낙원에 계속 남아 있었다면 그들은 그 곳에서 아무런 일도 하지 않고 앉아서 목가적(牧歌的)인 노래나 부르며 자연의 미를 찬미하고 있었을 것이라고 생각한다면 이것은 그릇된 생각이다. 만약 그들이 낙원에 계속 남겨졌더라면 그들은 권태로움으로 고통을 받았을 것이다. 우리들 중에 그 누가 그런 상태에 놓였을지라도 마찬가지였을 것이다.

인간은 자기의 목전에 놓인 목적에 대한 일념으로 자기 자신도 의식하지 못한 채 일에 전념해야 한다. 따라서 그들에게 있어서 최선의 휴식은 일을 한 다음에 갖는 휴식이다. 이와 마찬가지로 아동들도 일에 익숙해져야 한다. 그런데 학교보다 더 훌륭하게 그러한 일에 대한 경향성을 단련(도야)시킬 수 있는 적절한 곳이 어디 있겠는가? 학교는 강제적으로 도야를 하게 하는 곳이다. 아이들이 모든 것을 놀이로 간주해서 배우게 하는 것은 매우 나쁜 영향을 주게 된다. 아이들의 여가시간을 가져야 하는 것은 사실이지만 더불어 일하는 시간도 반드시 가져야 한다. 처음에는 이러한 일의 강제적 구속의 유용성을 즉시 깨닫지는 못할지라도 훗날에 가서는 그 가치를 깨닫게 될 것이다. "이것은 무엇을 위한 것이며, 저것은 무엇을 위한 것인가?" 라는 식의 아동의 질문에 항상 대답해 준다면 이는 호기심이 강한 아동에게 나쁜 습관을 훈련시켜 주는 것에 불과하게 될 것이다. 교육이란 강제성을 띠어야 하지만 그렇다고 해서 그로 말미암아 노예화시킬 필요는 없는 것이다.

　제반 정신능력의 계발에 관한 한 우리는 이 계발이 끊임없이 진행되고 있다는 것을 깊이 명심해야 한다. 실제로 이 정신능력의 계발은 최상위 기능들을 주로 다루지만 하위의 능력도 최상위 능력과 같이 계발해야 한다. 그러나 이는 최상위 능력을 계발한다는 관점을 가지고 해야 함을 의미한다. 예를 들어 이해력을 계발한다는 관점에서 지능을 계발해야 한다는 것이다. 이는 어떤 정신능력도 그 자체 만으로서는 계발될 수 없으며 항상 다른 능력들과 관련을 맺으면서 계발된다는 입장을 따라야 한다는 중요한 원칙인 것이다. 다시 말해 상상력은 이해력에 도움이 되는 것과 같다.

기억력은 좋아도 판단력이 부족한 사람이 있듯이 하위 능력(예컨대 기억력)은 그 자체 만으로서는 어떤 가치를 지니지 못한다. 그런 사람은 단순히 많은 것을 알고 있는 걸어 다니는 사전에 불과하다. 파르나소스 산의 짐을 나르는 동물은 그들 스스로는 아무런 유용한 일도 해낼 수 없지만 적어도 무엇인가 훌륭한 점을 만들어 내는 사람에게 재료를 전달해 준다는 점에서 가치가 주어진다. 판단력과 분리된 지능은 어리석음 밖에는 만들어 내지 못한다.

이해력은 일반적 사실에 관한 지식을 말하며, 판단력은 일반적인 것을 특수한 사실에 적용하는 것을 말한다. 이성이란 일반적 사실과 특수한 사실 사이의 연관성을 이해하는 힘이다. 이와 같은 자유로운 도야는 사람이 어렸을 때부터 모든 교육을 끝마친 시기가 될 때까지 계속된다. 그것은 교육을 다 마친 어떤 젊은이가 일반적인 법칙을 인용하려 할 때 그 법칙이 담겨져 있는 역사나 우화의 실례, 또 그것이 표현된 싯귀를 인용할 수 있게 한다. 그렇게 함으로써 그의 지능과 기억력 등을 훈련하는 데에 아동들을 고무시키게 될 것이다.

"우리는 우리가 기억하고 있는 사실 정도만을 알고 있다"라는 격언은 매우 진실한 말이다. 그러므로 기억력을 계발하는 것은 반드시 필요한 것이다. 사물은 지극히 조직적으로 구성되어 있기 때문에 그것을 이해하기 위해서는 무엇보다 정신적 감흥이 따라야 한다. 그리하여 기억력은 이러한 정신적 감흥을 간직하지 않으면 안 된다.

언어의 경우에 있어서도 마찬가지이다. 우리는 언어를 기억력에만 의존하는 형식적 방법이나 혹은 회화에 의한 방법으로 배우게 되는데 후자의 경우가 현대 언어(학습)에서는 최선의 방법으로 받아들여지고 있다. 단어를 학습하는 것은 확실히 필요한 것이지만 나이 어린 아이들에게 가장 좋은 방법은 그가 읽는 책 속에서 우연히 접하게 되는 단어를 익히는 것이다. 그러므로 젊은 학생들에게 일정한 종합적 과제를 정해 주어야 한다.

그와 같은 방식으로 해서 지리학은 무의식적으로 가장 훌륭하게 학습될 수 있다. 무의식적 방법으로 학습되는 내용은 우리의 기억력에 의해 가장 오랫동안 보존된다. 그런데 사실상 상당히 많은 경우에 있어서 이 방법은 매우 유용한 것이다.

역사 연구를 위한 적절한 방법이 조만간 강구되지 않으면 안 된다. 역사를 목록체제로 구성해 보려는 노력이 계속 추진되어 왔지만 그다지 만족스런 결과를 가져오지 못했다. 그러나 역사는 올바른 판단력을 갖게 한다는 점에서 이해력을 훈련시키는 가장 훌륭한 방법이다.

암기학습도 매우 필요한 것이기는 하지만 암기에 의한 언어학습과 같이 단지 기억력 훈련을 위한 학습, 예컨대 강의와 같은 방법은 교육적으로 아무런 쓸모도 없는 것이다. 여하튼 암기학습은 아동으로 하여금 건방진 태도를 갖도록 할 뿐이다. 이와 같은 해로움 외에 암기에 의한 웅변은 성인에게나 적합한 것이다. 마찬가지로 단지 앞으로 있을 어떤 시험이나 장래에 망각을 예상하고 배우는 것들도 모두 그와 같은 경우라고 할 수 있다.

암기란 기억할 가치가 있는 중요한 사실들이나 실생활에 유용한 것이 될 수 있는 경우에만 필요한 것이다. 아이들이 소설을 읽는다는 것은 가장 나쁜 일이다. 왜냐하면 어린아이들은 읽은 소설의 내용을 더욱 확장하여 활용하는 능력이 부족하고 단지 순간적인 만족만을 즐기게 되기 때문이다.

소설책을 읽는 것은 기억력을 약화시킨다. 왜냐하면 다

른 사람에게 그 내용을 이야기해 주기 위해서 소설을 기억한다는 것은 어리석은 일이기 때문이다. 그러므로 아이들에게 소설을 접하게 하는 기회를 주어서는 안 된다. 소설을 읽는 동안 아이들은 그들 자신의 내면적 공상의 세계를 꾸미며 주위환경을 재구성한다. 아동들의 공상은 이와 같이 제한된 것이며 그것을 통하여 어떠한 사고력의 훈련도 이루어지는 것은 아니다.

주의 산만한 방심은 적어도 학교 내에서는 절대로 용납되어서는 안 된다. 왜냐하면 방심을 허용한 결과로 인하여 일정한 습관으로 굳어질 습성을 형성하게 되기 때문이다. 사람이 한번 방심에 깊이 빠지게 되면 아무리 훌륭한 재능일지라도 쓸모없는 것이 될 수도 있다. 비록 아이들은 놀이에 한눈을 팔더라도 곧 주의력을 되찾게 된다. 그러나 어떤 나쁜 장난(비행)에 몰두할 때는 가장 주의가 산만해진다는 것을 주목해야 할 것이다. 왜냐하면 이 때에 아이들은 그 비행을 어떻게 은폐하며 잘못된 과오를 어떻게 원상으로 회복시킬 수 있는가에 골몰하기 때문이다.

비행을 저지르고 나면 아이들은 무엇이든 단지 건성으로만 듣게 되고 교사의 질문에 다만 엉뚱한 답변을 하거나 자신이 읽고 있는 내용에 대해서조차도 모르게 되고 만다.

　아동에게 있어서 기억력은 일찍부터 계발되어야 하지만 거기에는 반드시 이해력의 계발이 동시에 이루어지도록 주의를 기울여야 한다.

　기억력은 첫째, 이야기 속에서 접하게 되는 사물이나 사람의 이름을 배움으로써 발달되며, 둘째, 읽기는 쓰기를 통해서 발달된다. 그렇지만 읽기에 있어서 아동들은 철자를 보고 읽는 것이 아니라 암기해서 읽어야 한다. 셋째, 기억력은 언어에 의해서 발달되는데 아동들은 어떤 내용을 읽을 수 있기 전에 먼저 귀로 듣는 것을 배워야 한다.

　이 때에 잘 짜여진 소위 세계도회(世界圖繪 : 실학주의 교육사상가인 코메니우스가 저술한 책으로 세계최초의 그림교과서라고 할 수 있다.)라는 책이 매우 유용하게 이용될 수 있다. 그리고 그 내용은 일반적으로 식물학 · 광물학 · 박물학 등으로 시작할 수 있으며 이러한 교과의 내용들을 스케치하기 위해서는 제도와 조형을 배워야 한다. 이를 위해 어느 정도의 수학적 지식이 필요하게 된다.

　과학의 기초적인 학습내용은 자연지리학이나 수리지리학과 같은 지리학의 연구를 하도록 구성하는 것이 가장 유리할 것이다. 그림과 지도 등으로 설명되는 여행 이야기는 정치지리학으로 발전할 수 있다. 현재 지구표면의 발달상태를 배움으로써 옛날 초기의 지구표면상태를 배울 수 있게 되는바 이렇게 해서 우리는 고대지리학 · 고대역사등도 쉽게 배울 수 있게 될 것이다.

아동들을 가르치는데 있어서 우리는 거의 무의식적으로 지식을 실천에 옮기는 일과 지식(이론) 자체를 함께 통합할 수 있는 방법을 모색해야 한다. 여러 가지 학문들 중에서도 이 점을 가장 만족시켜 주는 학문을 수학인 것 같다. 더 나아가서 알고 있는 지식과 연설(演說 : 쉽게 말하고 유창하게 말하는 능력)은 통합되어야 한다.

아동들은 단순한 의견이나 신념으로부터 지식을 확실히 구별해 낼 수 있도록 배워야 한다. 그래서 우리는 올바른 이해력과 올바른 취향(너무 세부적인 것이 아닌)을 갖추도록 그 방법을 지도해 주어야 한다. 이 취향은 처음에는 시각과 같은 감각을 통한 것이어야 하겠지만 궁극적으로는 관념의 취향이 되어야 한다.

이해력을 계발하기 위한 것은 어느 것이든 모두 일정한 규칙을 갖는 일이 필요하다. 이해력이 단지 무의식적으로 형성되지 않고 하나의 규칙을 따르는 일을 의식함으로써 이루어지도록 여러 규칙들을 서로 구분하는 것이 정신적으로 매우 유용한 일이다.

또한 이 규칙들을 일정한 형식으로 체계화하여서 기억해 두는 일이 매우 유익하다. 만일 우리가 어떤 규칙을 기억해 둘 수 있다면 비록 그 규칙을 적용하는 일을 잊어버린다 하더라도 곧 그 방법을 찾게 될 것이다. 여기서 규칙들이 먼저 추상적으로 학습되는 것인지 또는 그 규칙이 실제에 적용되어진 후에 학습되는 것인지, 아니면 규칙과 그 적용이 동시에 병행해서 학습되는 것인지에 대한 의문이 제기된다. 이 중에서 규칙의 개념과 그 규칙의 적용이 동시에 학습되는 것이 가장 적절한 방법이다. 그렇지 않을 경우 규칙의 적용은 규칙 그 자체가 학습되기 전까지는 매우 불확실한 것이 되기 때문이다.

그러나 때때로 그 규칙은 반드시 특성에 따라 분류·정리되어야 한다. 왜냐하면 규칙들이 특성별로 함께 통합(연합)되어 있지 않을 때 그것을 기억해 두기란 매우 힘들기 때문이다. 결론적으로 말하면 언어학습에 있어서 문법의 공부는 어느 정도까지는 언제나 선행되어야 한다는 것이다.

이제 우리는 전체적인 교육의 목적과 그 목적을 달성하기 위한 방법에 관하여 체계적인 아이디어를 기술하고자 한다.

1. 특수정신능력의 도야와 구별되는 일반정신능력의 도야

일반 정신능력의 도야는 기능의 숙달과 완성을 목적으로 삼고 있으며, 그것은 어느 특수한 지식만을 전달하는 것을 목표로 하지 않고 일반적 정신능력의 강화를 목표로 한다.

이 일반 정신능력의 도야는 ① 자연적인 것과, ② 도덕적인 것으로 구분된다.

첫째, 자연적인 도야는 훈련과 훈육에 의존하며 따라서 아동들은 아무런 준칙도 배울 필요가 없다. 이 때의 아동은 수동적이어서 오직 다른 사람의 지도와 지시에 따르기만 하면 된다.

둘째, 도덕적인 도야는 훈육에 의존하는 것이 아니라 격률(格率 : 칸트의 도덕철학에 있어서 아주 중요한 것으로 이는 정(正)과 사(邪)의 일반적인 원리로 이해해야 한다.)에 의한 것이다. 만약 도덕적 훈련이 훈계와 위협과 벌 등으로 일관된다면 크게 잘못된 것이며 그렇게 할 경우 단순한 훈육이 되고 만다. 아이들은 자기 자신의 격률에 의해서 옳은 행동을 하는 것이지 단지 습관에 따라서 행동하는 것이 아님을 분명히 알아야 한다. 아이들은 옳은 일을 행할 뿐만 아니라 그 일이 옳기 때문에 행하는 것이다. 왜냐하면 행동의 모든 도덕적 가치는 선과 관련된 격률들로써 구성되어 있기 때문이다.

2. 특수정신능력의 도야

특수정신능력이란 인식력 · 감각력 · 상상력 · 기억력 · 주의력 · 지능 등을 말하는 것으로서 이는 한마디로 이해력의 하위능력을 말하는 것이다. 감각능력의 도야에 관해서는 이미 앞에서 시각의 예를 들면서 언급한 바가 있다. 상상력의 도야에 대해서 말하면 일반적으로 어린 아이들은 매우 활발한 상상력을 가지고 있어서 특별히 옛날이야기 등을 해주어 상상력을 더 확장시키거나 강화시켜 주고자 할 필요가 없다는 점을 주의해야 한다. 그보다는 상상력을 억제하여서 어떤 규칙 아래로 끌어들여야 할 필요가 있다. 동시에 너무 한가하게 방관해서도 안 된다. 지도(地圖)에는 모든 사람들은 물론 아주 어린 아동조차도 매혹시킬 수 있는 그 무엇이 들어 있다. 아이들이 모든 일에 싫증을 느낄 때에도 지도를 통해서는 무엇인가 흥미를 느끼면서 배울 수 있다. 그리고 아이들의 상상력을 뚜렷한 형체에 한정시켜 줌으로써 상상력이 이리저리 방황하지 않게 해주기 때문에 지도는 아이들에게 있어서 상당히 즐거운 일이 된다. 우리는 아이들을 가르칠 때 실제로 지리부터 시작해서 가르치기도 한다. 여기에는 동시에 동물·식물, 그 밖에 다른 것 등의 그림이 첨가될 수 있으며 이러한 그림들은 지리학습을 더욱 생생하게 해줄 것이다. 그러나 역사는 아마도 지리를 배운 후에 가르치도록 해야 할 것이다.

주의력에 관해서 우리가 주목해야 할 일은 이 능력을 일반적으로 강화할 필요가 있다는 것이다. 한 가지 목표(대상)에 우리의 사고를 엄격하게 고정시킬 수 있는 능력은 별다른 뾰족한 재능이 아니라 마음이 연약한 사람이 갖는 경우가 많다. 이런 능력을 가진 사람은 융통성이 없고, 그 능력을 쾌락에 적용하는 것도 용납하지 않는다. 그렇다고 하더라도 지나친 방심은 모든 교육의 적이다. 기억력은 우리가 얼마만큼 주의력을 갖느냐에 따라 좌우된다.

다음으로 고등정신능력의 도야에 관해 살펴보면, 이는 이해력과 판단력, 그리고 이성의 도야를 포함한다. 이해력은 처음에는 수동적인 방법에 의해서 계발되는데 특정 규칙을 증명하는 예를 들어 보이거나 또는 그 반대로 특수한 경우에 대한 규칙을 발견함으로써 계발되기도 한다. 우리는 판단력을 통하여 이해력을 사용하는 방법을 알게 된다. 이해력은 우리가 배우고 말하는 것을 이해하는 데 필요하며 더욱이 이해되지 않은 상태에서는 무엇이든 반복해서 말하지 않기 위해서도 필요하다. 얼마나 많은 사람들이 어떤 것을 믿고는 있을지라도 이해하고 있지도 않은 특정 사실을 듣고, 읽고 있는가! 이러한 현상은 상상하는 문제에서나 실제적인 문제에서나 모두 벌어지고 있다.

우리가 원칙에 대한 통찰력을 갖게 되는 것은 이성을 통해서이다. 그러나 여기서 말하는 이성은 아직도 가이던스를 필요로 하는 이성이라는 것을 기억하지 않으면 안 된다. 그러므로 우리는 어린 아동들이 항상 그들의 인식능력을 벗어난 것을 추론하도록 요구해서는 안 되며 아이들 앞에서 그러한 추론에 빠져 있음을 보여서도 안 된다.

우리는 여기서 사변적 이성을 다루고 있는 것이 아니라 실제의 발생된 사실에 대한 반성을 그 사실의 원인과 결과에 따라서 살펴보고 있는 것이다. 반성은 실천적 이성을 정리하고 이를 실행하는 것이다.

정신능력을 도야하는 가장 좋은 방법은 자신이 성취하고자 하는 것을 자기 스스로 하는 것이다. 그 한 예로써 우리가 배워 온 문법규칙을 실생활에서 응용하는 것을 들 수 있다. 자기 자신이 스스로 지도를 그릴 수 있을 때, 그 지도를 가장 잘 이해한다. 한마디로 말해서 이해할 수 있는 좋은 방법은 실제로 해 보는 것이다. 우리가 가장 철저히 이해하고 또 가장 잘 기억하는 것은 어떤 면에서 우리가 우리들 스스로를 가르치는 것이다. 그러나 이와 같이 할 수 있는 능력을 가진 사람은 거의 없다. 이와 같은 능력을 가지고 있는 사람을 독학자라고 부른다.

이성의 도야에 있어서는 소크라테스식 방법을 따라야 한다. 소크라테스는 자기 스스로를 다른 사람의 지식을 받아내는 산파(産婆)라고 하면서 그의 제자인 플라톤에 의해 저술되어 전해 내려오는 《대화편》에서 성인들에게 있어서도(어린아이들의 경우와 마찬가지로) 각 개인의 이성으로부터 관념이 나오게 하는 방법에 관한 여러 가지 예를 증명해 보이고 있다.

여러 가지 측면에서 아동은 자신의 이성을 수없이 많은 면에 걸쳐 훈련시킬 필요는 없으며, 모든 사실에 관하여 논의를 하도록 허용해 주어서도 안 된다. 아동은 자신의 교육과 관련된 모든 원리를 알 필요도 없다. 그러나 의무에 대한 의문이 야기될 때는 아동에게 이러한 원리를 이해하도록 해주어야 한다. 그러나 대체로 이러한 생각을 아동들의 마음속에 주입해 주기보다는 이성에 근거해서 아동 자신의 관념을 이끌어 내도록 노력해야 한다. 그러므로 소크라테스식의 방법은 문답식 방법을 위한 규칙을 마련해야 한다. 이 방법이 다소 시간이 많이 걸린다는 것은 사실이다. 그리고 한 아동의 생각을 끌어내는 동안 다른 아동들도 더불어 무엇인가를 배우도록 하는 일은 어려운 문제이다. 기계적인 문답식 방법도 몇몇 학문에 있어서는 유용한 방법이다. 예를 들어 계시적 종교를 설명하는데 유용하다. 반면에 보편적 종교에서는 소크라테스식 방법을 이용해야 한다. 역사적 고찰을 통하여 학습되어야 할 것에 대해서는 기계적인 문답식 방법이 무엇보다도 권장되어야 할 것이다.

제5장

도덕적 도야

도덕적 도야

도덕적 도야는 격률에 그 기초를 두어야 하며 훈육에 기초를 두어서는 안 된다. 격률은 나쁜 습관을 막아주며 훈육은 사고(思考)하는 마음을 길러준다. 어린아이들은 일시적으로 변하기 쉬운 충동보다는 일정한 격률에 따라서 행동하는 습관을 가져야한다는 사실을 알아야 한다. 더구나 훈육을 통해서 형성된 어떤 습관들은 세월이 지남에 따라 차츰 그 힘이 감소된다. 아동들은 격률, 즉 자신이 스스로 인지할 수 있는 분별력에 따라 행동하는 법을 배워야 한다. 아동들에게 이 원칙을 실행하게 하는 데는 다소 어려움이 있음을 쉽게 알 수 있다. 도덕적 도야는 부모와 교사들의 입장에서 많은 통찰력을 요구한다는 것도 알 수 있다.

예를 들어 한 어린이가 거짓말을 했다고 가정하면 즉시 그 아이에게 처벌을 가해서는 안 되며, 그보다는 경멸적인 태도로 대해 주면서 그래도 자꾸 거짓말을 하게 되면 장차 모든 사람들이 그를 불신하게 될 것이라는 식으로 말해 주어야 한다. 그러나 만일 아동이 버릇없이 굴었을 때 벌을 주고 착한 행동을 하였을 때 상을 주게 되면 아동은 오직 상을 받기 위해서만 옳은 일을 하게 될 것이다. 그 아이가 성장하여 사회인이 되었을 때 선한 행동에 항상 보장이 따르는 법이 아니고 나쁜 행동에도 벌이 항상 따르는 것이 아니라는 것을 알게 되면, 어떻게 해서 성공할 수 있는가에만 몰두하게 되고 오직 그 자신의 이익에 따라서 옳고 그른 일을 하는 인간이 되고 말 것이다.

격률은 인간 자신의 내면으로부터 비롯되는 것이어야 한다. 우리는 도덕적 훈련에 있어서 아동에게 어렸을 때부터 선과 악의 개념을 불어 넣어주어야 한다. 만일 아동에게 도덕성을 불어 넣어 주고 싶다면 절대로 처벌을 가해서는 안 된다. 도덕성이란 매우 신성하고 고귀한 것이기 때문에 이를 훈육과 동일한 위치에 놓음으로써 이 도덕성의 가치를 떨어뜨려서는 안 된다.

도덕교육에 있어서 무엇보다도 중요한 일차적인 문제는 인격의 형성에 힘쓰는 일이다. 인격이란 격률에 따라 행동할 수 있는 자질이 갖추어진 것을 말한다. 그리하여 처음에는 학창시절의 격률에 따라서, 그리고 나중에는 보편적인 인류의 격률에 따라서 행동하게 된다. 아동들은 처음에는 규칙에 복종하여야 한다. 격률도 일종의 규칙인데 그 중에서도 주관적인 규칙이다. 격률들은 인간을 이해하는 것으로부터 비롯된다. 비록 처벌이 잘못한 죄과에 대해 적절한 방법으로 주어져야 한다 할지라도 학교교육을 위반하였을 경우의 처벌은 반드시 가해져야 한다.

　만일 우리가 아동의 인격을 형성코자 원한다면 그 아동에게 제반사항에 대하여 특정한 계획이나 규칙들을 제시하여 주는 일이 아주 중요하다. 그리고 이렇게 제시된 계획이나 규칙은 엄격하게 지켜져야만 한다. 예컨대 취침시간·일과시간·휴식시간을 정해 주었다면 아이에게 이 시간들이 단축되거나 연장되지 않도록 해야 하는 것이다. 별로 중요하지 않은 문제에 대해서는 아동 스스로 선택하도록 허용해 주어도 되지만, 일단 규칙이 결정되고 나면 아동들로 하여금 이를 철저히 준수하도록 해야 한다. 하지만 우리는 아동에게 어른의 인격을 형성하도록 해서는 안 되며 아이다운 인격을 길러 주어야만 한다.

불규칙적인 사람은 신뢰받지 못한다. 왜냐하면 다른 사람이 그를 이해한다는 것은 어렵고 그를 얼마나 믿어야 하는가를 판단하는 것도 어렵기 때문이다. 사실 때에 따라서는 항상 규칙을 따르는 사람에 대해서도 비난을 가하게 되는 경우가 있다. 예컨대 자신의 모든 행동을 실천하기 위해서 고정된 시간을 지키며 이 시간의 규칙에 따라서 생활하는 사람이 다른 사람들로부터 비난을 받게 되는 경우이다. 그러나 이러한 규칙성에 대해 비난하는 것은 그 타당성이 없다. 왜냐하면 그 규칙성이 비록 행동에 있어서 지나치게 규칙에 구애받는 것처럼 보이지만 그의 인격형성에 큰 도움을 주기 때문이다.

무엇보다도 복종은 아동들, 특히 학교에 다니고 있는 학생들의 품성에 있어서 가장 본질적인 특징이다. 이 복종에는 두 가지 측면이 있는데 하나는 선생님의 명령에 무조건 절대적으로 복종하는 것이며, 다른 하나는 학생 자신이 합리적이고 선한 의지라고 생각하는 것에 대한 복종이다. 즉, 복종은 강요에 의해서 나타나는 절대적인 복종과 신념으로부터 생기는 제 2의 복종인 자발적인 복종으로 볼 수 있는 것이다.

복종에 있어서 자발적 복종은 매우 중요한 것이지만 절대적 복종도 역시 필요하다. 왜냐하면 절대적인 복종은(그것이 요구되는) 현재상황에서는 매우 싫어하겠지만 장차 성장하여서 시민의 한 사람으로서 복종해야만 할 법을 준수할 수 있도록 준비해 주기 때문이다.

그러므로 아동들은 앞으로 지켜야 할 필수적인 법칙을 잘 익히고 있어야 한다. 그러나 이 법칙은 보편성이 있는 일반적인 법칙, 즉 불변적인 일관성을 지닌 법칙이어야 한다. 이는 특히 학교의 법칙에 있어서 더욱 그렇다. 교사는 특정 아동에게만 친절을 베풀거나 편애해서는 안 된다. 왜냐하면 교사가 그렇게 행동함으로써 법칙이 내포하고 있는 일반적 보편성이 파괴되고 말기 때문이다. 아동들은 다른 아동이 자신과 똑같은 규칙의 제재를 받고 있지 않다는 것을 알게 되면 그는 곧 복종하려 들지 않아 다루기 힘들게 될 것이다.

우리는 아동에게 "그들이 스스로 원하는 성향에 따라서 행하도록 모든 일을 제시해 주어야 한다"는 말을 흔히 듣는다. 어떤 경우에 있어서는 이 말이 사실일 수 있으며 상당히 바람직한 것으로 받아들여 질 수 있다. 그러나 그 외의 많은 경우에 있어서 아이들의 성향보다는 의무를 앞세워야 할 때가 자주 있다. 그리고 이 의무는 아이들의 전 일생을 통해서 유용한 것이 될 수 있을 것이다.

이자나 세금을 내는 일이나 공무를 집행할 때, 기타 많은 경우에 있어서 우리는 아이들을 그들의 취향에 의해서 보다는 의무에 따라서 행하도록 지도하지 않으면 안 된다. 비록 아동 자신이 의무로써 해야 할 행동의 이유를 명확히 모른다고 해도 이런 식으로 아이에게 어떤 일을 의무로써 규정 해 주는 것이 좋다. 왜냐하면 결국에 가서는 아동이 아동으로써 가져야 할 의무를 가지고 있다는 사실을 알게 될 것이지만 반면에 그가 성인으로 어떤 의무를 갖는다는 것을 안다는 것은 더욱 어려울 것이기 때문이다. 좀 더 세월이 지나야 알게 되겠지만 아동이 이런 사실을 알게 된다면 그는 의무의 이행을 보다 충실하게 할 것이다.

아동이 어떤 명령을 위반하게 되는 것은 모두 복종심이 부족해서인 것이다. 그래서 이에는 처벌이 따르게 된다. 또한 부주의에 의해서 명령이 이행되지 않았을 때에도 마찬가지로 벌이 필요하다. 이러한 처벌에는 도덕적인 처벌과 신체적인 처벌이 있다. 존경을 받고자 한다든지 사랑을 받고 싶어 하는 아동의 열망에 대하여 우리가 이를 경멸하는 행동을 보이는 것을 도덕적 처벌이라고 한다. 즉,

아동에게 쌀쌀하게 대한다든지 소원하게 대함으로써 굴욕감을 갖도록 하는 경우가 도덕적인 처벌의 한 예이다. 그러나 존경의 예우와 사랑을 바라는 아동의 갈망은 가능한 한 키워주어야 한다. 그런데 이 도덕적인 처벌은 도덕적 훈련에 큰 도움이 되기 때문에 이는 가장 좋은 처벌 방법이다. 예를 들어서 한 아동이 거짓말을 하였을 때 모욕적인 표정을 짓는 것으로 처벌은 충분하며 가장 적당한 처벌방법인 것이다.

신체적인 처벌은 아동의 요구를 거절하는 방법과 고통을 가하는 방법의 두 가지로 이루어진다. 요구를 거절하는 방법은 도덕적 처벌과 유사하며 소극적인 처벌방법이다. 그리고 고통을 주는 방법을 이용 할 때는 그 결과로 아동에게 노예근성이 생기지 않도록 신중을 기해야 한다. 또한 아동에게 보상을 해주는 것은 이기심을 조장하고 항상 보수만을 바라는 고용인적 성향을 가지게 하기 때문에 아무런 유용가치도 없는 것이다.

더 부연해서 말하면 복종은 아동에 있어서나 청년에 있어서나 마찬가지이다. 이 복종에 응하지 않을 때는 항상 처벌이 뒤따르게 된다. 처벌에는 자연적인 처벌과 인위적인 처벌이 있다. 인간은 자연적인 처벌에 의해서 그 자신의 행동을 바로잡게 된다. 예를 들면 아동이 과식을 해서 배탈이 났을 경우 자연적 처벌이 가해진 것이라고 볼 수 있다. 이 자연적 처벌은 어린 시절뿐만 아니라 전 생애에 걸쳐서 이루어지기 때문에 가장 효과 있는 처벌이라고 하겠다. 아동이 사랑받고 존중받기를 바라는 희망을 고려한다면 아동의 인격에 영구적인 영향을 주게 될 그러한 처벌을 선택할는지도 모른다.

신체적 처벌은 단지 도덕적인 처벌의 불충분한 점을 보충하는 것이어야 한다. 만약 도덕적 처벌이 전혀 아무런 효과도 얻지 못하고 결국 신체적 처벌에만 의존하게 된다면 우리가 이런 방식으로는 훌륭한 인격의 형성이 그저 요원하기만 한 것이 되고 만다는 것을 발견하게 될 것이다. 하지만 처음에는 신체적으로 억압하는 것이 반성의 여지를 가지도록 하는 데 도움이 될 수 있을 것이다.

분노의 감정을 가지고 아동에게 가하는 처벌은 무용한 것이다. 아동은 분노에 의한 처벌을 받았을 경우에 처벌을 단지 분노의 결과로 간주하게 된다. 그리하여 자신을 분노의 희생물로 생각해 버리게 된다. 일반적으로 처벌은 그 목적이 아동의 품행개선에 있다는 것을 충분히 이해하도록 신중하게 주의를 기울여 가해져야 한다.

아동에게 신체적 벌을 가한 후에 아이로 하여금 벌을 가한 손에 입을 맞추게 해서 처벌에 대한 감사를 표기하게 하는 행위(당시 독일에서 일반적으로 행해지던 관습으로서 처벌받은 아이가 "감사합니다(Danke Schoen)"라고 말하면서 자신을 벌하였던 사람의 손에 키스를 하게 함으로써 실제로 감사하는 마음으로 표현하도록 하였다.)는 어리석은 짓이며 단지 아이를 노예화하는 것일 뿐이다. 신체적 벌을 자꾸 가하다 보면 아이는 더욱 고집스럽게 된다. 그리고 아이의 고집스런 행동에 대하여 신체적 처벌이 되풀이 되면 아이들은 더욱 다루기가 힘들게 된다. 그러나 고집스런 사람이라고 해서 항상 나쁜 것은 아니며 때때로 친절한 충고에도 쉽게 굴복하곤 한다.

성장해 가고 있는 청소년들에 있어서의 복종은 아동들의 복종과 구별되어야 한다. 청소년의 복종은 의무의 규칙에 대한 복종으로 이루어진다. 의무를 위해서 무엇인가를 행하는 것은 이성에의 복종을 의미한다. 그러나 아동에게 의무에 관해서 말한다는 것은 쓸모없는 일이다. 결국 아동들은 의무라는 것을 수행하지 않으면 처벌이 따르는 어떤 것으로 생각하게 된다.

아동은 단지 본능에 의해서 행동할 수 있다. 그러나 아동이 성장해 감에 따라 의무에 대한 관념이 나타나기 시작한다. 또한 아동을 다루는 데 있어 수치감을 이용해서는 안 되며 아동기를 지난 청년에 이르러서 적용해야 한다. 왜냐하면 아동들에 있어서 명예에 대한 개념이 뿌리내리기 전에는 수치감은 존재 할 수 없기 때문이다.

아동의 인격형성에 있어서 두 번째 중요한 특성은 진실성의 원리이다. 진실성은 인격의 기초임과 동시에 바로 인격의 본질인 것이다. 거짓말을 하는 사람은 인격이 갖추어지지 않은 사람이며 만일 그에게 조금이라도 선함이 남아 있다면 그것은 순전히 기질상의 결과일 뿐이다.

어떤 아동들은 거짓말을 하는 성향을 가지고 있는데 이는 다른 이유가 있는 것이 아니라 아동들의 상상력이 풍부하기 때문에 일어나는 것이다. 아동의 거짓말 하는 습관을 제거하는 일은 아버지가 해야 할 임무이다. 왜냐하면 대부분의 어머니들은 일반적으로 그 습관을 대단치 않은 것으로 생각하고 오히려 아동의 총명함과 능력이 많은 증거로 간주하여 우쭐하려 들기 때문이다. 이러한 거짓말 하는 습관을 고치는 데에는 먼저 아동으로 하여금 수치심을 갖도록 하는 것이 좋으며 이렇게 할 때 아동은 이를 쉽게 받아들이게 될 것이다. 거짓말을 할 때 대개 얼굴이 붉어지지만 그것이 항상 거짓말을 한다는 증거가 될 수는 없다. 왜냐하면 우리는 우리의 잘못을 비난하는 다른 사람의 파렴치한 행위에도 얼굴이 붉어지는 경우가 종종 있기 때문이다. 아이가 거짓말을 하는 것이 즉각적인 피해가 발생되지 않는 한 아동의 행동에 대해 진실을 듣기 위해 처벌을 가하는 것은 어떤 경우를 막론하고 좋지 못하다. 다만 손해가 발생되었을 때는 그에 대한 처벌을 받도록 해야 할 것이다. 거짓말하는 아동을 무시하는 것, 즉 존중해 주지 않는 것이 거짓말과 행위에 대한 가장 적합한 처벌방법이다.

처벌에는 소극적인 것과 적극적인 것이 있다. 소극적인 처벌은 나태함이나 나쁜 버릇에 적용된다. 예컨대 거짓말을 하거나 말을 잘 듣지 않는 행동에 적절하다. 그리고 적극적인 처벌은 심술궂은 행동에 적용될 수 있을 것이다. 그러나 무엇보다도 주의해야 할 것은 아동들이 처벌에 대하여 원한의 감정을 갖지 않도록 하는 일이다.

아동의 인격에 있어서 세 번째 중요한 특성은 사교성이다. 아동은 다른 아동들과의 교우관계를 형성하여야 하며 항상 홀로 고립되어 있어서는 안 된다. 사실 어떤 교사들은 아동이 학교에서 교우관계를 갖는 것에 반대하지만 그것은 커다란 잘못이다. 아동은 가장 즐거운 인생의 삶을 자기 스스로 준비해야 한다.

만일 교사가 어느 한 아동을 다른 아동보다 더 편애하게 될 경우에는 편애의 이유가 그 아동의 인격 때문이어야 하며 아동이 지니고 있는 재능 때문이어서는 안 된다. 만일 재능 때문일 경우에는 우정보다는 질투심만이 조장되고 말 것이다.

아동들은 하늘의 빛나는 태양과도 같이 자신의 모습 속에 허심탄회한 솔직함과 쾌활성을 담고 있어야 한다. 즐거운 마음가짐만이 선에서의 행복을 발견할 수 있게 될 것이다. 어떤 종교가 사람들을 우울하게 만든다면 그러한 종교는 잘못된 신앙이다. 왜냐하면 우리 인간은 강제에 의해서라기보다는 즐거운 마음으로 신(神)을 섬겨야 하기 때문이다.

아동은 때때로 학교의 편협한 통제로부터 해방되기도 해야 한다. 그렇지 않으면 아동이 타고난 본래적 즐거움을 곧 사라지고 말 것이다. 아동은 통제로부터 자유로워졌을 때 곧 자연적인 쾌활함을 되찾게 된다. 아동들이 완전한 자유를 누리면서 서로 경쟁을 벌이는 운동경기들은 이러한 목적(자연적 쾌활함을 되찾게 해주는)에 가장 적합할 것이다. 그리고 아동들은 그러한 경기들을 통하여 조만간

밝고 쾌활한 마음씨를 간직하게 될 것이다.

많은 사람들이 자신의 인생에 있어서 청소년 시절이 가장 즐겁고 행복한 생활이라고 생각하지만 실제로 그렇기만 한 것은 아니다. 청년시절은 가장 까다롭고 곤란을 겪게 되는 시기인 것이다. 왜냐하면 이 시기에는 엄격히 통제된 훈육 하에서 생활하게 되고, 자기 스스로 친구를 선택할 수도 없으며, 더구나 자유조차 쉽게 누릴 수가 없기 때문이다. 호레이스(Horace)는 다음과 같이 말한 바 있다. "경기에서 승리하기를 바라는 젊은이들은 많은 것을 참고 실행해 왔으며 극도의 추위와 더위도 잘 견디어 왔던 사람들이다."

아동들은 그들의 연령에 적합한 교육만을 받아야 한다. 많은 부모들이 그들의 자녀가 조숙해지기를 바라지만 대체로 그렇게 조숙한 아동에게서는 아무것도 기대할 수가 없는 것이다. 아동은 더욱 영리해야 하지만 어디까지나 아동다운 범주 내에서 영리해야 한다. 또 아동은 연장자 (성인)들의 생활태도를 그대로 흉내 내어서도 안 된다. 아동이 스스로 성인 신분에나 적절한 도덕적 판단을 갖게 하는 것은 그의 본분에 크게 벗어나게 하는 일일 뿐만 아니라 단순히 모방자가 되게 할 뿐이다. 아동은 오직 아동으로서의 이해력을 지녀야 하며 너무 조숙하게 지력(智力)을 발휘하고자 노력해서는 안 된다.

조숙한 아이는 결코 통찰력과 이해력을 갖춘 성인이 되지 못한다. 아동이 그 시대의 모든 유행에 따라서, 예컨대 머리를 곱슬곱슬하게 지지거나 주름장식의 옷을 입고 심지어 코담배갑을 가지고 다니는 등의 행동을 하게 된다면 이는 참으로 어색하기 짝이 없는 일이 될 것이다. 또한 그렇게 했을 때 아동은 아동에게 어울리지 않는 허식적 행동을 익히게 될 것이다. 그리고 그 아동에게는 예의를 요구하는 상류사회가 그저 짐스러운 것일 뿐이며, 전적으로 인간적인 애정이 결핍되고 말 것이다. 바로 이러한 이유 때문에 우리는 일찍부터 아동 내부에 있는 모든 허영심의 징조와 대항해서 싸울 채비를 해야 한다. 뿐만 아니라 아동에게는 허영심을 가질 수 있는 기회를 주지 말아야 한다. 아이에게 참 예쁘다고 말하면서 이 옷 또는 저 옷이 어울린다고 쓸데없이 지껄여대고 어떤 화려한 옷을 상으로 주겠노라 약속함으로써 아동에게 허영심을 갖도록 하는 경우가 있다. 아이들에게 화려한 옷은 적합지 않다. 아이들에게는 단지 산뜻하고 단정한 옷이 필요할 뿐이다.

또한 부모들은 아이들이 보는 앞에서 자신의 옷을 소중

이 생각하거나 경탄해서도 안 된다. 왜냐하면 그러한 부모의 행동은 아동에게 강력한 영향력을 갖는 본보기가 되어서 훌륭한 규범을 강화시키기도 하고 파괴시킬 수도 있기 때문이다.

제6장

실천적 교육

실천적 교육

실천적 교육이란 ① 기능의 교육, ② 처세술의 교육, ③ 도덕성의 교육 등을 말한다.

먼저 기능의 교육에 대해 살펴보면 이 기능은 완벽한 것이며 피상적인 것이 아니라는 것을 우리는 알아야 한다. 우리는 장차 성취할 수도 없는 일들을 할 수 있는 척해서는 안 된다. 기능은 완벽성을 그 특징으로 하여야 하며 이 완벽성은 점차적으로 습관화되어야 한다. 완벽성은 인간의 인격을 형성하는데 있어서 본질적인 요소가 되며, 기능은 재능을 발휘하는데 필수적인 것이다.

다음으로 처세술이란 우리가 가진 기능을 활용하는 기예, 즉 우리 인류를 우리 인류 자신의 목적을 위해서 선용하는 기예를 말한다. 이를 위해서는 몇 가지 전제되어야 할 것이 있다. 보다 정확히 말하면 처세술은 인간이 성취해야 할 마지막 자질이기는 하지만 그 중요성에 있어서는 둘째의 위치에 속하게 된다.

아동이 신중성을 획득하기 위해서는 자신의 감정을 숨기는 법을 배워야 하며 자제력을 길러야 하고 동시에 다른 사람의 인격을 알아주는 것도 배워야 한다. 아동이 자제력을 길러야 하는 것은 주로 그 자신의 인격과 관련된다. 훌륭한 예의범절은 외적 행동의 예법인 바 이는 우리가 꼭 간직하고 있어야 할 것이다. 다른 사람의 인격을 이해한다는 것은 어려운 일이지만 우리는 그것을 우리 자신의 자제력을 잃지 않고서 배워야 한다. 이와 같이 하기 위해서는 일종의 성격이나 감정을 숨기는 일이 필요하다. 즉, 우리의 결점을 감추고 외적 품위를 유지해야 한다. 이것은 남을 기만하는 행위라고 할 수는 없으며 비록 그것이 위선에 가까울지라도 때때로 허용될 수 있는 것이다.

그러나 이렇게 감정을 숨기는 것은 다만 무모한 방편에 불과하다. 신중성을 갖기 위해서는 우리가 자기의 성격을 잃지 않는 일이 필요하다. 그렇다고 그 반대로 너무 냉담해서도 안 된다. 인간은 용감해야 하지만 그렇다고 해서 난폭해서는 안 된다. 용감하다는 것과 난폭하다는 것 사이에는 엄격한 차이가 있다. 용감한 사람은 자신의 의지대로 실행하길 원하는 사람이다. 그 의지를 실행하고자 하는 욕망은 격정의 통제를 필요로 한다. 판단력은 각 개인의 기질상의 문제인 것이다.

세 번째로 도덕성은 인격에 관한 문제이다. "참고 삼가하라"라고 한 말은 현명한 중용을 지키기 위한 준비이다. 훌륭한 인격의 형성을 위한 첫째 단계는 우리의 격정을 한편으로 제쳐 두는 일이다. 우리들에게 행하지 못하도록 금지한 것에 대해 그런 것 없이도 지낼 수 있는 법을 배움으로써 우리의 욕망과 성향이 격정으로 흐르지 않도록 조심해야 한다.

인내라는 말은 '참는 것'과 '참는 것에 익숙해지는 것' 두 가지를 의미한다. 용기와 용기에 대한 마음의 경향은 자제를 기하기 위해서 필요하다. 우리는 우리에게 반대될 것에나 우리의 요구를 거절해 버리는 것 등에도 익숙해져야 한다.

공감하는 동정(고통스러운 상태에 놓인 다른 대상에 대해 가지는 연민과 자비 등의 감정)은 기질의 문제이다. 그렇지만 아동들이 감상적이고 눈물이 헤픈 공감을 하는 습관에 물들지 않도록 예방해 주어야 한다. 공감하는 동정이란 실은 감수성이라고 할 수 있고 다만 섬세한 감정의 특성에 해당하는 말이다. 공감하는 동정은 연민하는 동정과는 확실히 구분된다. 공감하는 동정은 일종의 악이며 어떤 사실에 대해서 단지 한탄하는 것이라 할 수 있다.

아동들에게 약간의 용돈을 주어서 아동 스스로 가난한 사람을 도울 수 있도록 한다면 그것은 좋은 일인 것이다. 그리고 우리는 이러한 방법으로 아동들이 진정으로 동정심을 가지고 있는지 아닌지를 알아낼 수 있다. 그러나 아동이 오직 부모의 돈으로만 자선을 베풀려고 한다면 그러한 방법은 아무 소용도 없다.

"시간을 가지고 서둘러라"라는 말은 부단히 계속되는 행위를 나타내는 말인데 우리는 이 행위를 통해서 많은 것을 배우기 위해 서둘러야 한다. 또한 우리는 배우되 철저하게 배워야 한다. 여기에는 많은 시간을 필요로 한다. 그런데 여기에서 피상적으로 많은 것을 아는 것과, 적은 것을 철저하게 아는 것 중에서 어느 것이 더 좋은 것인가 하는 의문이 생긴다. 많은 내용을 피상적으로 아는 것보다는 적은 내용이지만 철저하게 아는 것이 더 좋은 것이다. 왜냐하면 사람들이 나중에 가서 피상적인 지식이 깊이가 없음을 알아차리게 될 것이기 때문이다. 그러나 아동들은 어떠한 상황 하에 놓여 지든 간에 그 상황이 요구하는 지식이 어느 것인가를 쉽게 알지 못한다. 그러므로 모든 것을 철저하게 아는 것이 무엇보다 가장 좋은 방법이다. 그렇지 않으면 피상적인 지식으로 남을 속이고 당혹하게 만들고 말 것이다.

우리의 궁극적인 목표는 인격의 형성에 있다. 인격은 무엇인가를 성취하려는 굳은 의지와 그것을 실제적으로 성취 하는데에 존재한다. 호레이스(Horace)가 "자신의 목적을 확고하게 지키는 사람"이라고 말한 바 있는데 이것이 훌륭한 인격이다. 예를 들어 어떤 사람이 약속을 하였다면 그는 그 약속을 지키는 일이 자신에게 불편을 가져다준다 하더라도 꼭 약속을 지켜야만 한다. 왜냐하면 한번 무엇인가를 결심했던 사람이 그 결심을 지키지 못하였다면 그는 자기 자신을 더 이상 신뢰하지 못할 것이기 때문이다. 만약 어떤 사람이 공부하기 위하여 또는 어떤 다른 일을 위해서 또는 산책을 위해 일찍 일어나기로 결심을 했다고 가정하자. 그런데 봄에는 아침나절이 아직도 너무 추워서 일찍 일어나면 건강에 해로울 것이라고 생각하고는 결심을 연기하게 된다. 그리고 여름이 되어서는 수면을 충분히 취하는 것이 건강에 유익하며 수면은 즐거운 것이라고 변명하면서 또 다시 결심을 연기하게 된다. 이리하여 그는 하루하루 그의 결심을 연기하게 되어 마침내 그 자신에 대한 어떠한 신념도 갖지 못하는 결과를 초래하고 말 것이다.

도덕성에 위배되는 것들은 이를 실천하고자 결심해야 할 필요도 없는 것이므로 이러한 결심으로부터 제외되어야 한다. 사악한 사람의 인격은 악한 것이므로 이 경우에 우리는 그것을 인격이라고 부르기보다는 오히려 고집쟁이라고 불러야 적당할 것이다. 그러한 사람조차도 자신의 결심을 확고히 지키고 그 결심을 실행하는 데서 모종의 만족을 느끼려는 경향이 있다. 그 고집쟁이가 착한 일을 하는데 끈기를 보인다면 더 이상 좋은 일이 없겠지만.

자신이 결심한 바를 이행하기를 지체하는 사람들은 그의 전 생애를 통하여 거의 아무것도 성취하지 못할 것이다. 우리는 소위 미래의 전향을 통하여 선하게 되기를 기대할 수는 없다. 타락한 삶을 계속 누려온 사람에 있어서 갑작스런 전향은 오래 지속되기 어렵다. 사실 그러한 사람에게 늘 선하고 청렴한 사고를 해온 다른 훌륭한 삶을 갑자기 본받도록 기대하는 것은 일종의 기적을 바라는 것과 같다.

이와 같은 이유로 해서 우리는 순례여행이나 고행 또는 단식을 통해서 어떤 선을 갖게 되길 기대할 수는 없다. 왜 냐하면 어떻게 해서 그러한 관습들로써 악한 사람을 갑자 기 덕 있는 사람으로 만들 수 있는가를 알기는 어렵기 때 문이다. 낮에는 단식을 하고 밤에는 여흥을 즐기는 것, 또 는 그의 정신을 개선시키는 데 아무런 도움도 줄 수 없는 육신의 고행을 강요하는 것이 어떻게 인간을 보다 청렴 하게 만들거나 또는 어떤 방향으로든 향상시킬 수 있겠는 가?

아동에 있어서 도덕적 인격의 기초를 형성하기 위해 우 리는 다음 사항을 준수해야 한다. 아동들이 행해야 할 의 무는 오로지 그들 자신과 다른 아동들에 대한 공통된 의무 인 것이다. 이러한 의무들은 대체로 관련된 문제의 자연 적인 결과이어야 한다. 따라서 우리는 이 문제를 좀 더 면 밀히 살펴보아야 한다.

(1) 아동 자신에 대한 아동의 의무

아동들은 당연히 단정히 옷을 입어야 하고 좋은 음식을 먹어야 하지만 아동의 의무가 값비싼 음식을 먹고 화려한 옷을 입는 데에 있는 것이 아니다. 또한 아동의 의무는 아동 자신의 갈망이나 기호 등의 만족을 추구하는 데에 있는 것도 아니다.

이와는 반대로 아동은 매우 절제해야 하고 소박한 생활을 해야 한다. 인간은 모든 다른 피조물(被造物)보다 우위를 갖는 특정한 존엄성을 지니고 있고, 이런 개인 자신 속에 있는 인류의 존엄성을 스스로 위반하지 않도록 행동하는 것이 자기의 의무가 된다는 것을 지각하는 것이 아동 자신에 대한 의무인 것이다.

우리 인간은 때때로 인간의 존엄성에 위배되는 행동을 하게 된다. 예를 들면 음주에 탐닉하거나 자연에 어긋나는 죄를 저지를 때나 기타 모든 종류의 난잡한 행위 등을 하는 경우에 있어서 우리는 우리 인간 자신을 동물보다 더 하위에 두게 되는 것이다. 더 나아가서 남에게 비굴하게 굽실거리는 행동을 하거나 비위를 맞추기 위해 찬사를 보내는 등의 품위 없는 행동을 하는 것도 인간의 존엄성에 반하는 것들이다.

우리는 아동이 자신에게까지도 인간의 존엄성을 의식하도록 할 수 있는 기회를 쉽게 찾을 수 있다. 예를 들어 청결치 못한 것은 적어도 인간으로서는 부적합한 것이다.

아동이 인간의 존엄성을 스스로 떨어뜨리는 것은 거짓말을 할 때이다. 왜냐하면 거짓말은 사고하는 능력과 자신의 생각을 다른 사람에게 전달하는 능력을 미리 가지고 있기 때문이다. 인간은 거짓말을 함으로써 다른 사람들로부터 공공적(공통의) 경멸의 대상이 되고 다른 사람들이 그에 대하여 가지고 있어야 할 존엄성과 신뢰성을 잃게 되고 만다.

(2) 타인에 대한 아동의 의무

아동은 타인의 권리를 존경하고 존중하는 것을 일찍부터 배워야 한다. 그리고 우리는 이러한 존경의 태도가 실제로 아동의 행동에서 실행되는가를 주의 깊게 살펴보아야 한다. 예를 들어 한 아이가 자기보다 약한 다른 아이를 난폭하게 밀어제치거나 때리는 등의 행위를 했을 때 우리는 그 난폭 아동에게 "그러지 마라, 다치겠다. 이 아이는 약한 아이니까 불쌍히 여겨야 해"라는 식으로 말해 주어서는 안 된다. 그 대신에 우리는 그 아동을 그가 했던 것과 같은 난폭한 태도로 대해 주어야 한다. 왜냐하면 그의 품행은 다른 사람의 권리를 침해했기 때문이다. 보다 정확하게 말한다면 아동들은 아직 관대함에 대한 알맞은 관념을 가지고 있지 않다. 예를 들어 부모가 한 아동에게 다음에 빵을 더 주겠다는 아무런 약속도 하지 않은 상태에서, 버터 바른 빵을 다른 아동과 나누어 먹으라고 말하였을 때, 이 아동이 그 말에 전혀 복종하지 않거나 또는 내키지 않는 마음으로 어쩔 수 없이 따르는 것을 자주 볼 수 있다. 더구나 아동의 능력 속에 아직 관대한 마음이 형성되어 있지 않기 때문에 아동에게 관대하라고 말하는 것은 쓸모없는 일이다.

크루코트(Crugott)와 더불어 많은 학자들이 그들의 저술 속에서 인간 자신에 대한 우리의 의무를 깨우쳐 주는 도덕의 장을 아예 삭제하여 버렸거나 그릇되게 설명하였다. "우리들 자신에 대한 우리들의 의무"는 이미 앞에서 말한 바와 같이 인류의 존엄성을 개인 각자 스스로에 대해서 지키는 가운데 있는 것이다.

만약 한 인간이 인류에 대한 관념을 염두에 두고 있다면 그는 자기 자신을 책망할 수 있게 될 것이다. 이러한 인류에 대한 관념 속에서 인간은 자기 자신과 비교할 어떤 원형을 찾게 된다. 아동이 점점 성장함에 따라서 인간의 존엄성에 대한 관념만으로도 자신의 한계를 넘지 않도록 행동할 수 있기에 충분한 비판적 시기가 오게 된다. 이 때에 아동(청년)에게 동의해도 좋은 일과 불신해 버려야 할 일을 스스로 판단해 낼 수 있도록 도와줄 수 있는 적절한 암시를 그때그때 제시해 주어야 한다.

대부분 학교들은 아동에게 정직성을 키워주는 데 역점을 두고 있음에도 불구하고 바른 행동을 하기 위한 교리문답식의 교수가 결여되어 있다. 이 교수방법에 사용되는 문답 집에는 일반적으로 무엇이 옳고 무엇이 그른가에 대한 일상적인 질문들을 담고 있어야 한다. 예를 든다면 오늘 당장 빚을 갚아야 하는 사람이 있다고 가정하자. 그가 몹시 곤궁한 처지에 놓여 있는 다른 사람을 보고 동정하여 채권자에게 주어야 할 돈을 이 곤궁한 사람에게 주어 버렸다면 그의 행위는 옳은가, 아니면 그릇된 행위인가?

우리는 남에게 자비심을 베풀기 이전에 자신의 의무를 다해야 한다는 점에서 그 행동은 잘못된 것이라 할 수 있다. 남에게 자선을 베푸는 행위도 가치 있는 것이기는 하지만 먼저 자기가 지고 있는 빚을 갚는다는 것은 우리가 마땅히 해야 할 일을 하는 것이다.

또 다른 예를 든다면, 어떤 필요에 의해서 거짓말은 정당화될 수 있는가? 절대로 그렇지 않다. 거짓말이 정당화될 수 있는 경우는 결코 단 한번이라도 있을 수 없다. 만약

이 규칙이 엄격히 지켜지지 않는다면, 특히 아동들은 어떤 필요에 의해 사소한 변명을 하게 되기도 하고, 때로는 아동 스스로 거짓말하는 것을 인정해 버리게 될 것이다. 만일 이상과 같은 종류의 문제에 관한 책, 즉 올바른 행동을 하기 위한 "문답식" 책이 있다면 아동은 그 책을 매일 한 시간 정도씩 공부하는 것이 매우 유익할 것이다. 그리하여 아이들은 올바른 행위에 관한 교훈, 즉 지상에서 가장 소중한 것을 마음에 새겨서 배울 수 있게 될 것이다.

자비심을 가져야 한다는 것에 관해 말한다면 이는 절대적 의무가 아니다. 우리는 아동이 다른 사람의 슬픔을 공감하기보다는 그들을 도와주어야 한다는 의무감을 가지도록 동정심을 고무시켜 주어야 한다. 아동들은 의무에 대한 관념으로 충만해 있어야 하며, 단순한 감정으로 가득 차 있어서는 안 된다. 실제로 많은 사람들은 그들이 한때 동정을 베풀어 주었던 사람에게 번번이 속게 됨으로써 모든 사람에 대해서 몰인정해지게 된다.

아이들에게 행동의 가치적 측면을 강조하는 것은 소용없는 일이다. 종교지도자들은 우리가 신을 위해 행하는 모든 것은 우리가 마땅히 해야 하는 것을 할 뿐이라는 점을 간과하고, 자비로운 행위를 가치 있는 것으로 여기는 과오를 범하곤 한다. 우리가 가난한 사람을 돕는 것은 단지 우리의 의무를 행하는 것이다. 왜냐하면 인간의 불평등은 단지 우연한 환경에서 비롯된 것이기 때문이다. 만일 내가 많은 재산을 소유하고 있다면, 이것은 나 또는 내 선조에게 찾아온 행운을 놓치지 않고 꼭 쥐고 있었던 것 이외에 또 다른 그 무엇이 있었겠는가? 그러므로 인류전체에 대한 동정심은 항상 동일한 것이다.

우리는 아동 자신의 가치를 다른 아동의 가치와 비교하여 말함으로써 그 아동에게 질투심을 불러일으킨다. 아동은 자신의 이성에 따라 자기 자신을 비교할 수 있어야 한다. 왜냐하면 겸손이란 실제로 우리들 자신의 가치를 도덕적 완성의 기준과 비교하는 것 이외에 다른 아무것도 아니기 때문이다.

예컨대 기독교에서는 겸손에 대한 설교를 통해서가 아니라 자기 자신을 가장 고차적인 완전성의 형태와 비교하도록 가르침으로써 인간을 겸손하도록 가르치고 있다.

겸손을 자기 자신을 낮추는 것으로 생각한다며 아주 불합리한 것이다. "이 아이는 얼마나 얌전하게 스스로 행동하고 있는가 보라!"와 같은 종류의 감탄은 매우 비열한 사고방식만을 길러줄 뿐이다. 왜냐하면 인간이 다른 사람의 가치로써 자기 자신의 가치를 평가하려 한다면 그는 다른 사람보다 우월하게 자신의 자부심을 높이려고 노력하거나, 다른 사람의 가치를 손상시키고자 노력할 것이기 때문이다. 여기서 타인의 가치를 손상시키는 후자의 경우는 질투에 해당된다. 그리하여 우리는 오직 남들보다 유리하게 비교되기 위해서 자신의 잘못을 남의 탓으로 돌리려고 한다. 이와 같이 경쟁심이 잘못 적용되면 오직 질투만을 일으킬 뿐이다.

우리가 아동들에게 어떤 일을 할 수 있다는 가능성을 납득시키기 위해서 다른 아동도 그 일을 쉽게 했노라고 말해 주는 경우처럼 경쟁의식은 경우에 따라 유용한 목적을 위해 적용될 수 있다. 어떠한 경우이건 아동이 다른 아동의 자존심을 상하게 하도록 하는 행동을 허용해서는 안 된다. 또한 우리는 아동이 복을 많이 타고났다고 우쭐대는 우월성에 근거한 어떠한 형태의 자부심도 피하도록 해야 하며 동시에 아동들에게 솔직성을 길러 주어야 한다. 이 솔직성은 자기 자신에 대한 겸손한 신뢰이며 그가 처한 위치에서의 적절한 방법으로 자신의 재능을 나타낼 수 있는 일종의 자제(自制)이다. 이와 같은 자기 신뢰는 다른 사람의 비판에 대하여 실제로 무관심한 오만과는 구별되어야 한다.

인간이 갖게 되는 모든 열망은 자유와 권력에 관계되는 형식적인 것이거나 특정한 목적에 집착하는 물질적인 것이다. 즉, 공상에 대한 열망이거나 향락에 대한 열망이고 최종적으로는 행복의 요소로서 이 양자 모두를 계속 유지코자 하는 열망이다.

첫째 유형인 형식적인 열망은 명예욕·소유욕·권력욕에 대한 것이고, 둘째 유형은 성적 탐닉(관능적 쾌락), 물질의 향락(행복한 생활의 향유), 사회적 교제의 향락이다. 끝으로 셋째 유형은 생존애·건강애·안락애(미래의 불안으로부터의 자유) 등이다.

악덕은 원한·비열함·옹졸한 심술 등과 같은 것들이다. 악덕에 대한 첫째 유형으로는 질투, 배은망덕, 다른 사람의 불운에 대한 즐거움이 있고, 둘째 유형의 악덕은 불공평과 불성실, 그리고 재산과 건강에 대한 낭비인 방탕이 있다. 셋째 유형의 악덕에는 불친절, 인색함, 태만함(우유부단함)에 대한 것 등이다.

덕에는 공적·의리·결백의 덕이 있다. 첫 번째 유형의 덕으로는 화가 났을 때나 안락을 꾀할 때, 또는 소유의 욕망이 생겨날 때 자기통제를 보여주는 아량·자비, 그리고 침착성 등이 있다. 두 번째 유형의 덕에는 정직·예절·온화함 등이며, 세 번째 유형의 덕에는 고귀함·겸손·절도 등이 속한다.

인간이란 본래 도덕적으로 선한 존재인가 아니면 악한 존재인가? 인간은 그 어느 편도 아니다. 왜냐하면 인간은 본래 도덕적 존재가 아니기 때문이다. 인간은 그의 이성이 의무와 법의 관념을 깨달았을 때만이 도덕적 존재가 된다. 그러나 혹자는 인간에게는 모든 악을 행하려는 자연적 경향이 있는데 이것은 인간을 한 방향으로 몰아대는 성향과 본능을 지니고 있기도 하고 또 한편으로는 인간의 이성이 그와는 다른 방향(선한 방향)으로 이끌려고 하기 때문이라고 말할지 모른다. 인간은 악의 경향이 감추어져 있는 한 순진하다고 하더라도 인간은 단지 미덕(이를테면 자제)에 의해서만이 도덕적으로 선하게 될 수가 있다.

악덕이란 대부분 문명이 자연을 파괴함으로써 나타난다. 그래도 여전히 인간으로서의 운명은 동물적인 자연의 상태로부터 출범하게 되는 것이다. 완전한 예술은 제 2의 천성이 된다.

교육에 있어서의 모든 것은 올바른 원칙을 수립하고 아동들에게 이러한 원칙을 이해하고 받아들일 수 있도록 이

끌어 주는 데 달려 있다. 아동들은 남을 증오하는 대신에 불쾌하고 불합리한 것을 미워하도록 배워야 하고 이와 더불어 다른 사람들과 신의 징벌에 대한 두려움을 자신의 양심의 두려움으로, 사람들의 평판을 자존심과 내적 품위로, 말과 단순한 충동을 행동의 내적 가치로, 감정을 이해력으로, 비통하고 소심하며 침울함에 빠지는 것을 훌륭한 유머와 함께 유쾌함과 경건함으로 대치하는 것을 배워야 한다.

그러나 다른 무엇보다도 제일 먼저 우리는 아동이 요행수를 너무 지나치게 가치 있는 것으로 여기지 않도록 가르쳐야 할 것이다.

종교와 관련하여 아동의 교육을 살펴볼 때 가장 먼저 제기되는 질문은 인생의 초기에 있는 아동들에게 종교적 관념을 심어주는 일이 실용적인가 아닌가 하는 것이다. 이 문제는 교육에 관한 저술을 통하여 많은 것들이 거론되어 왔다.

종교적 관념들은 항상 신학을 함의하고 있는데 아동들이 아직도 세상에 대해서는 말할 것도 없고 자기 자신에 대해서도 제대로 모르고 있는 상태에서 어떻게 신학을 배울 수 있겠는가? 또 의무에 대해서 아무것도 모르는 상태에 있는 아동들이 신에 대한 직접적인 의무를 이해할 수가 있을 것인가? 한 번도 신을 숭배하는 행동을 보지 못했고 신의 이름이 불리어지는 것을 들어보지 못한 아동들에게는 다음과 같은 순서로 가르쳐 주는 것이 옳은 방법일 것이다.

먼저 종말과 인생의 목적에 대해서, 그리고 인류에 관한 것을 가르쳐 준다. 아이들의 판단력을 예민하게 하고 자연의 창조물의 아름다움이나 질서를 가르쳐 준다. 그 다음으로 우주의 구성에 대한 인식을 더욱 넓게 해준다. 그런 후에야 비로소 아동들에게 창조주로서의 신의 존재(최초의 입법자의 관념)를 보여줄 수 있을 것이다.

그러나 현대사회의 여건에 비추어 볼 때 이러한 형태의 교육과정은 불가능하다. 왜냐하면 우리는 아동들이 신의 이름을 듣지 못하게 할 수도 없으며, 신에 대한 사람들의 헌신적인 숭배의 광경을 보지 못하게 할 수도 없기 때문이다. 만약 우리가 아동들이 성인이 된 뒤에야 신에 관한 무엇인가를 가르치게 된다면 그 결과는 무관심이거나 그릇된 관념, 예컨대 신의 능력에 대한 공포가 되고 말 것이다. 그러므로 그러한 관념들이 아동의 상상력 속에 자리 잡게될 수도 있다는 사실을 우려해야 하며 그렇게 되지 않도록 하기 위해서 우리는 아동에게 어렸을 때부터 종교적 관념을 가르쳐 주고자 노력을 경주해야 한다. 이 때의 교수방법은 단순히 기억이나 모방적 방법이어서는 안 되며 선정된 교수방법은 언제나 자연에 따라야만 한다.

아동들은 의무나 책임, 선하고 악한 행위의 추상적 관념 없이도 의무의 법칙이 있다는 것을 이해할 수 있으나 그 의무의 법칙은 안락함, 유용성 또는 그런 종류의 어떤 다른 행위라기보다는 인간의 생각에 의해 마음대로 좌우될 수 없는 보편적인 특성을 갖는 어떤 것이다. 그러나 무엇보다도 먼저 교사 자신이 이 관념을 형성하고 있어야 한다.

처음에 우리는 모든 것을 자연이 원인이라 돌리고 그 다음에는 자연을 신의 탓으로 돌리게 된다. 한 예로써 처음에는 모든 것들이 생물의 종족보존과 평형유지를 위해 정해진 것으로 보게 되며, 다음에는 오랜 기간의 숙고 끝에 인간의 행복을 얻기 위해 정해진 것이라고 생각하게 되는 것이다.

신에 대한 관념은 한 가정을 보호해 주는 아버지의 개념과 관련지어 가르칠 수 있다. 그리고 이러한 방법으로 우리는 아동에게 하나의 가정으로 대표되는 인류전체의 조화를 쉽게 설명해 줄 수 있을 것이다.

그렇다면 종교란 무엇인가? 우리를 지배하고 있는 입법자와 심판자로부터 종교의 중요성이 유래된 것인 한, 종교는 인간의 내적 법칙이다. 종교는 신을 인식하기 위해서 적용된 도덕이다. 만약 종교가 도덕성과 결합되지 않는다면 종교는 단지 은총을 얻기 위한 노력에 불과한 것이 되고 만다. 찬송을 하고 기도를 하고 교회에 나가서 예배를 드리는 것은 오직 인간의 진보를 위한 새로운 활력과 용기를 불어넣어 주는 것이어야 한다. 또는 의무의 관념으로 영감을 받은 마음을 토로(표현)하는 것이어야 한다. 그러한 행위들은 그 자체가 선한 행위가 아니며 단지 선한 행위를 위한 준비에 불과하다. 우리가 신을 즐겁게 해줄 수 있는 유일하고도 실제적인 방법은 우리 자신이 좀 더 선한 인간이 되는 것이다.

아동을 가르칠 때 우리는 우선 아동의 마음속에 내재해 있는 법칙을 먼저 가르쳐 주어야 한다. 사악한 사람은 악해진 자신을 경멸해야 하며 이 경멸하는 마음은 그 자신 속에서 본래적으로 형성된 것이다.

신이 악을 금지하였기 때문에 처음 악덕을 저질렀을 경우에는 이 경멸하는 마음이 생기지 않는다. 왜냐하면 법칙을 만든 사람과 법칙을 주는 사람이 반드시 같지는 않기 때문이다.

한 예로써 어떤 나라의 군주가 최초로 도둑질을 금지한 사람은 아닐지라도 그는 그 나라 안에서 절도행위를 금지할 수가 있는 것이다. 이러한 사실로부터 인간은 행복의 가치를 인간에게 만들어 주는 것은 단지 그 자신의 훌륭한 삶이라는 것을 알아야 한다. 신의 법칙은 동시에 자연의 법칙으로 인정되어야 한다. 왜냐하면 신의 법칙이라는 것은 임의적인 것이 아니기 때문이다. 그러므로 종교는 모두 도덕성의 일부에 속하는 것이다.

그러나 우리는 신학부터 가르치기 시작해서는 안 된다. 단지 신학에만 기초하고 있는 종교는 결코 아무런 도덕성도 포함할 수 없다. 따라서 그러한 종교로부터 우리는 한편으로는 두려움을, 또 다른 한편으로는 보상의 기대를 하는 것 외에는 다른 어떤 감정도 이끌어 낼 수가 없게 되며, 오직 미신적인 예식만을 만들어 내게 될 뿐이다. 따라서 도덕이 선행되고 난 후에 신학이 이에 뒤따르게 될 때 바로 이것이 종교이다.

인간 속에 내재해 있는 법칙을 우리는 양심이라고 부른다. 보다 정확히 말한다면 양심은 우리의 행동을 이 법칙에 적용시키는 것을 말한다.

만일 우리가 양심을 신의 대변자로 여기지 않는다면 양심의 가책은 아무런 효과도 없을 것이다. 도덕적 양심이 결여된 종교란 미신숭배에 불과한 것이기 때문이다. 사람들은 신의 법칙을 어떻게 수행할 것인가를 생각하지도 않고 또 신의 능력과 지혜 등을 알려고 하거나 찾으려 하지도 않은 채 맹목적으로 신의 능력과 지혜를 숭배하고 찬양함으로써 신을 섬기고자 한다. 이와 같이 신을 찬미하고 찬송하는 것은 그들의 양심을 마비시키는 마취약이 되며 그 위에서 양심이 조용히 수면을 취할 수 있는 베개가 되는 것이다.

아동들이 모든 종교적 관념들을 다 이해할 수는 없지만 그러한 종교적 관념 중에는 우리가 아이들에게 가르쳐야 할 것들이 있다. 그러나 이 종교적 관념은 적극적이라기보다는 소극적으로 가르쳐야 한다. 아동들에게 종교 신조를 암기시키는 것은 어떤 경우이든 아무런 소용이 없으며, 이 종교 신조는 신앙심에 대한 그릇된 신념만을 불러일으킬 뿐이다.

신을 숭배하는 참된 방법은 신의 의지에 따라서 행동하는 데 있으며 우리는 아동들이 바로 그와 같이 신의 의지에 따라서 행동하도록 가르쳐야 한다. 우리는 아동들은 물론 우리 자신도 신의 이름을 공공연하게 함부로 남용하여 부르지 않도록 주의해야 한다. 만일 우리가 친구들을 축하하는데 신의 이름을 사용한다면 그것이 경건한 취지에서라고 할지라도 이 또한 성스러운 이름을 오용하는 것이다.

신에 대한 관념은 사람들이 신의 이름이 불리는 것을 들을 때는 언제나 경건한 마음으로 충만하도록 해줄 수 있어야 한다. 그리고 신의 이름을 자주 들먹거리거나 경시해서는 결코 안 된다. 삶과 전세계의 지배자이고, 더 나아가 모든 인간의 보호자며, 최후의 심판자로서의 신에 대하여 아동들은 경건한 마음을 갖도록 배워야 한다. 뉴튼 (Newton)은 신의 이름을 말할 때는 언제나 잠시 하던 일을 중지하고서 깊이 명상하였다고 한다.

신의 관념과 의무의 관념을 통합하는 것을 설명해줌으로써 아동은 창조물에 대한 신의 배려를 더욱 존경하는 법을 배우게 된다. 그리하여 아동들은 작은 동물들이 겪는 심한 고통에서 볼 수 있는 파멸과 잔인성에 대한 경향을 삼가게 된다. 예를 들면 육식동물과 곤충은 청결과 근면의 본보기가 되듯이 악인들은 법칙을 따르도록 하는 경각심을 불러일으켜 주고 새들은 벌레를 잡아먹음으로써 정원을 벌레로부터 보호해 주기도 하는 것과 같은 예이다.

우리는 아동이 다른 사람들의 기도하는 모습을 볼 때 그 사람들이 누구에게 기도하는 것이며, 그 이유는 무엇인지 알도록 하기 위하여 하나님에 대한 다소간의 관념을 갖도록 해주어야 한다. 그러나 아동들에게 가르쳐 주어야 할 이러한 관념은 그 수가 너무 많아서는 안 되며, 이미 앞에서도 언급하였듯이 단지 소극적으로 주어져야 한다. 우리는 청년초기부터 그러한 관념을 가르치기 시작해야 하며 동시에 그들이 그들 자신의 종교적 준거에 따라서 인간을 평가하지 않도록 특히 신중을 가해야 한다. 왜냐하면 종교는 다양하지만 그럼에도 불구하고 어느 곳에서나 종교는 같은 것이기 때문이다.

결론적으로 말해서 젊은이들이 성년초기로 접어듦에 따라 특히 지켜야 할 주의점을 몇 마디 부언할까 한다. 이 시기에 이르러 청년들은 그 이전에는 가지지 못했던 어떤 특성은 나타내기 시작한다. 그러한 특성으로는 먼저 성적(性的) 특성을 들 수 있다. 자연은 마치 성(性)이 인간이게는 어울리지 않는 것이며 단지 동물적인 욕구인 것처럼 이 문제에 관하여 어떤 비밀의 장막을 쳐 놓았다. 그러나 자연은 가능한 한 모든 종류의 도덕성과 성을 결합시켜 보려고 노력하였다. 미개한 민족들조차도 성적문제에 있어서는 일종의 부끄러움과 자제를 가지고서 행동한다.

아동들은 때때로 성적 문제에 관한 강한 호기심에서 질문을 하곤 한다. 예를 들면 "아기는 어디에서 나왔어요?" 하는 따위의 질문을 하게 되는 것이다. 그러나 아동들은 이치에 어긋나는 무의미한 대답에 쉽게 만족하고 혹은 그런 질문은 유치한 질문이라는 말을 상대방에게서 들음으로써 쉽사리 만족하고 만다.

이러한 경향은 다른 모든 본능들과 마찬가지로 어떤 특별한 대상에 대한 지식이 없어도 소년기에 무의식적으로 발달하게 된다. 그러므로 소년기를 성에 대한 무지 또는 일종의 무지라고 볼 수 있는 순진한 상태로 남겨주는 것은 불가능하다. 성적 문제에 대해서 침묵만을 지킨다면 오히려 악만을 증가시키는 결과를 초래한다. 우리는 과거 조상들의 교육에서 그러한 현상을 쉽게 찾아볼 수 있다. 오늘날에 있어서는 청소년들에게 솔직하고 명료하며 확실하게 성에 관해서 말해 주어야 한다는 것이 당연하게 생각되고 있다. 그러나 그것에 관하여 공개적인 대화의 주제로 삼을 수 없기 때문에 성적 문제가 다루기 어려운 문제라는 것을 인정해야만 한다. 만일 우리가 공감을 가지고 청소년이 갖게 되는 그 충동을 논의하게 된다면 모든 문제는 잘 진전될 수 있을 것이다.

청소년기에 있어서 13세 혹은 14세는 보통 성적 감정이 발달하는 시기이다. 성적 감정이 이보다 일찍 발달하게 된다면 이는 아동들이 탈선된 행동으로 나쁜 경험을 해서 타락하기 때문이다. 또한 이 시기에 이르면 아동들에게는 이미 판단력이 형성되고 자연은 비로소 우리가 성에 관한 문제를 아동과 함께 논의를 할 수 있도록 여건을 마련해 준다.

자기 자신에게로 향한 관능적 성욕만큼 정신뿐만 아니라 육체를 약화시키는 것은 없으며 이것이야말로 인간의 본성에 전적으로 모순된 것이다. 또한 이 관능적 성욕에 대해서 아이들에게 비밀된 것으로 숨기기만 해서는 안 된다. 우리는 청소년들에게 관능적 성욕은 인류 종족보전에 무익하게 하는 것이며 다른 무엇보다도 그것에 의해서 체력이 소모되고 너무 조숙해 버리게 될 것이라는 것, 또한 지력(知力)이 매우 쇠약해질 것이라는 등으로 관능적 성욕의 악영향을 말해 주어야 하는 것이다.

우리는 계속적으로 일에 종사하고 필요 이상의 수면을

취하지 않도록 함으로써 이러한 충동으로부터 벗어나게 할 수 있을 것이다. 그러한 성욕의 대상이 단지 우리의 상상 속에 남아 있다 하더라도 그것은 우리의 생명력 있는 정력을 잠식해 들어가기 때문에 지속적인 노력을 통해서 성욕에 대한 모든 생각을 떨쳐 버려야 할 것이다. 만약 우리의 관심을 이성(異性)에게로 돌린다면 적어도 다소간의 장애에 부딪치게 될 것이다. 그러나 만약 그 관심을 자신에게로 돌린다면 우리는 어느 때라도 그것을 만족할 만큼 성취하게 될 것이다. 육체적 영향은 극히 해로운 것일 뿐만 아니라 도덕성에 관하여는 더욱 나쁜 결과를 초래하게 된다. 자연의 구속력은 여기서 한계를 넘게 되며 성적 경향은 끊임없이 격노하게 될 것이다. 왜냐하면 성적 만족이 없이는 그 어떤 진정한 만족도 일어날 수 없기 때문이다.

청소년들을 가르치는 교사들은 청소년에게 이성과의 관계를 맺도록 허용해 줄 수 있는가의 여부에 대한 질문을 계속적으로 제기해 왔다. 만약에 허용할 것인가. 아닌가의 양자택일을 해야 한다면 허용해 주는 것보다는 금지하는 것이 확실히 나을 것이다. 전자에 있어서는 자연에 반(反)하는 것이 되지만 후자에 있어서는 그렇지 않다. 자연은 인간에게 성인의 나이에 이르면 하나의 인간이 되도록 만들었으며, 그의 종족을 번식하도록 하였다. 그러나 문명화된 사회에서는 인간에게 존재하는 어떤 절박한 사정 때문에 그 시기에 결혼해서 자신의 자식을 교육시키는 일이 때때로 불가능하게 된다. 그러한 결과로 해서 그는 사회질서를 위반하게 된다. 가장 좋은 방법은 그에게 결혼할 여건이 갖추어질 때까지 기다리게 하는 것이다. 실로 이것은 젊은이의 의무이기도 한 것이다. 그러면 그는 훌륭한 인간으로서 뿐만 아니라 훌륭한 시민으로서 행동하게 될 것이다.

청소년은 이성에 대한 적절한 존경심을 갖는 것을 일찍부터 배워야 하며, 악으로부터 벗어난 행동을 함으로써 이성의 존경을 얻을 수 있는 방법을 배워야 한다. 그렇게 함으로써 행복한 결혼의 고귀한 가치를 추구할 수 있을 것이다.

청소년이 사회에 들어서면서 나타나기 시작하는 둘째 특성은 계층의 구별과 인간의 불평등을 인식하는 것이다. 아직 어린 아동에게는 이러한 사실들(계층의 구별, 인간의 불평등)을 알게 해서는 안 된다.

아동이 하인들에게 명령을 하도록 허용해서도 안 된다.

만약 아동이 부모가 하인에게 명령하는 행위를 보게 된다면 부모는 이유야 어떻든 아동에게 "우리는 하인들에게 일한 대가로 빵을 주기 때문에 그들은 우리에게 복종해야 하지만 너는 하인들에게 빵을 주지 않으니까 하인들이 너에게 복종할 필요가 없다"고 말해 주어야 할 것이다. 만약 부모들이 아동들에게 이러한 그릇된 관념을 가르쳐 주지 않는다면 아동 스스로는 계층의 구별에 대해서 아무것도 모르게 될 것이다. 인간의 불평등은 한 인간이 다른 인간을 능가하려는 의도에서 비롯된 하나의 제도라는 것을 청소년에게 가르쳐 주어야 한다. 인간 평등의 의식은 시민적 불평등과 더불어 아동에게 조금씩 가르쳐 주어야 할 것이다.

우리는 청소년들이 자기 자신을 다른 사람과 비교해서 상대적으로 존중하는 것이 아니라 자신을 절대적으로 존중하도록 해야 한다. 진정한 인간의 가치를 전혀 갖지 않고 타인을 높이 우러러 존경하는 일은 무익한 일이다. 더 나아가서 우리는 청소년들이 모든 면에 있어 양심적이도록 가르쳐야 하며 겉으로 그렇게 나타낼 뿐만 아니라 실제로 그렇게 노력하도록 해야 한다. 또한 무슨 일이든지 공허한 결심으로 머물게 하지 말고 심사숙고한 결심이 될 수 있도록 주의 깊은 사람이 되도록 가르쳐야 한다. 이것보다는 오히려 아무런 결심도 하지 않는 것이 더 나으며 어떤 사건에 대해 의문 상태로 남겨 두는 편이 더 좋을 것이다. 그는 외적 상황을 고려한 만족감, 작업(일)에서의 인내심(즉, 인내하고, 절제함), 그리고 쾌락에 있어서의 중용 등을 배워야 한다. 만약 항상 쾌락을 생각하지 않고 일에서 인내하게 된다면 지역사회의 유용한 일원이 될 것이며 권태감으로부터 벗어날 수가 있을 것이다.

다시 부연해서 말하면 우리는 청소년들에게 다음과 같은 것을 고무시켜 주어야 한다.

(1) 쾌활하고 좋은 유머를 가질 것, 쾌활성은 스스로 비난할 것을 아무것도 가지고 있지 않을 때 생겨난다.

(2) 침착한 마음을 가질 것. 자기수양을 통해서 사회의 밝은 일원이 될 수 있도록 자신을 훈련한다.

(3) 항상 모든 행동을 의무라고 생각하고 행동할 것. 행동이 우리의 기호에 부합되기 때문에서가 아니라 그 행동을 함으로써 우리의 의무를 이행하는 것이 되기 때문에 그 행동에 가치를 두어야 한다.

(4) 타인에 대한 사랑에 있어서 범세계 주의적 감정을 가질 것. 우리의 마음속에는 ① 우리 자신과, ② 우리를

길러 주신 분에 대한 관심을 갖도록 하는 무엇이 있도록 명심해야 하며 또, ③ 세계의 진보에 대한 관심도 있어야 한다. 아동은 이러한 관심에 익숙해야 하며 그렇게 함으로써 아동의 마음은 온화하게 될 것이다. 비록 세계의 발전이 그 아동 자신이나 국가의 이익이 되지 않을 수도 있지만 그들은 세계의 발전을 기뻐할 줄 알도록 배워야 한다.

(5) 생활의 좋은 일로부터 느끼는 쾌락을 너무 소중히 여기지 말 것. 그러면 죽음에 대한 어린애 같은 두려움은 사라지게 될 것이다. 또한 청소년에게 쾌락에 대한 기대는 쾌락을 완성하는 데에서 실현되는 것이 아니라는 사실도 지적해 주어야 한다.

마지막으로 매일매일 자기 자신의 일과를 처리해야 할 필요성을 가르쳐 줌으로써 인생의 최후에 이르러서 그 아이는 자신의 생의 가치를 존중할 수 있게 될 것이다.

부록

Ⅰ. 칸트의 교육사상에 관한 연구

1. 머리말

철학사상(哲學史上) 칸트(Immanuel Kant, 1724~1804)의 학문적 업적은 지대하다. 그는 근대철학을 체계화시켰고 근엄한 경건주의 신앙으로 그의 생활과 사상은 규범적 · 실천적 · 학구적이면서 인류의 생활과 사상을 계도하는 노력으로 일관한 철학자였다.

그는 철학 · 종교 · 논리학 등 많은 분야에 대저(大著)를 남겼고 특히 순수이성 비판과 실천이성 비판 등으로 철학적 업적은 대단하다. 칸트는 그의 방법론적 · 체계적 철학의 업적으로 말미암아 교육이론 · 교육사상은 그 중대성이 인식되지 못하고 그늘에 가리게 되어 과소 평가받고 있는지도 모른다. 불행하게도 많은 교육사상가에 의해 칸트의 교육방법이나 교육철학에의 공헌이 소홀히 취급되고 있다.

또한 어떤 학자는 칸트의 교육사상이 루소(Jean Jacques Rousseau, 1712~1778)의 교육 사상만큼 독창적인 것이 못되고 루소의 교육이론을 자기 본위의 스타일로 정선한 것이라고 칸트의 교육론을 과소평가하는 사람도 있다. 물론 칸트는 그의 다른 저서와 같이, 교육에 관한 의도적인 저술을 하지 않았다.

그가 강연을 통해 밝힌 교육관·이론·방법 등은 루소의 《에밀》(Emile)을 독파한 후였고 또한 거기에서 많은 영향을 받았기 때문에 유사한 점도 있다.

그 당시 루소의 《에밀》은 선풍적이었고 모든 사람에게 감동적인 것이었다. 칸트에 있어서도 교육사상 뿐만 아니라 그의 도덕철학에도, 지식 이상의 감정을 고조한 루소의 《에밀》은 절대적인 것이었다. 칸트는 《에밀》을 읽기 위해서 그 유명한 규칙적 산보도 중단했다는 일화를 남겼다. 또한 서재에 장식을 전혀 싫어하는 그가 서재의 벽에 루소의 초상화만을 걸어 두었다는 사실만 보아도 얼마나 많은 감화를 받았는지 가히 짐작할 수 있다.

그러나 칸트는 그의 교육론에 있어서는 루소의 주정적 윤리사상 내지 교육사상의 내용을 냉철한 이성으로 정리, 정선하여 자기류의 사상으로 발전시켰다고 보아야 할 것이다. 그는 "인간에게 공헌할 수 있는 가장 위대하고 가장 어려운 문제가 교육의 문제"라고 생각했으며 교육을 통해서만 인간성을 계속적으로 개선할 수 있다고 설파하였다. 그가 쾨니히스베르크 대학교에서 교육학에 관한 강연을 통해 본질적이며 구체적인 교육문제를 밝힘으로써 우리는 칸트의 교육사상이 루소와 차이가 있음을 알 수 있다.

칸트의 「교육학」은, 딜타이(Dilthey)가 "철학자의 최후의 말은 교육에 있다"고 하였듯이 아마 그의 심오한 철학을 쉽게 풀이나 하듯 교육의 모든 면에 걸쳐 용이하게 서술하고 있다.

본고(本稿)는 「교육학」에 내포된 많은 문제 중에 의미 있는 시사를 주는 문제를 중심으로 고찰해 보고자 한다.

2. 생애와 업적

칸트는 1724년 4월 22일 동프러시아의 수도 쾨니히스베르크의 한 경건주의 신앙의 가정에서 태어났다. 칸트가의 넷째 아들로 태어난 그는 부친의 공평하고 정직하며 근면한 생활의 영향을 받으며 자랐다. 그의 어머니는 상식이 풍부했고 심성이 고결했으며 경건한 신앙심으로 칸트의 교육에 많은 관심을 기울였다. 그는 8세에 후리드리히라는 학교에 입학하였는데 이 학교는 초등학교까지 병설되어있는 김나지움이었다. 이 학교에 들어가게 된 동기는 칸트의 어머니가 다닌 경건주의파 교회의 목사였던 슐츠(Schultz)의 권고 때문이었다고 한다. 그는 여기서 종교와 함께 라틴어도 배웠고 로마의 시인과 철학자들의 사상도 공부하게 되었다. 이 학교의 재학시절을 통해 품행과 학업이 우수했고 학급에서는 항상 수석이었다.

그는 1740년인 16세에 쾨니히스베르크 대학의 철학과에 들어가 신학·고전문학·철학·생물학 분야의 강의를 들었다. 대학에서 칸트가 가장 큰 감화를 받은 교수는 젊은 대우교수(待遇教授) 크누첸(M.Knutzen)이었다. 그는 이 교수에게서 철학·수학·생물학 세 분야에 걸쳐 배웠으며 또 개인적인 접촉을 많이 가졌다. 이 때에 크누첸이 빌려준 뉴튼의 저서는 칸트의 사색에 중요한 영향을 주었고 이로 인해 칸트의 초기 저술은 대부분 자연과학에 관한 것이었다.

1746년 졸업을 눈앞에 둔 칸트는 아버지를 여의고 〈활력의 참된 측정에 관한 일고찰(一考察)〉이란 졸업논문으로 대학을 졸업했다. 그는 그 후 약 9년 간 가정교사 생활을 하면서 철학연구를 계속하였다. 1755년 모교에서 〈불에 관하여〉라는 논문을 발표하여 학위를 받았다. 같은 해 가을에 구직논문(求職論文)인 〈형이상학적 인식의 제일원리에 관한 새 해석〉이 통과되어 모교에서 시간강사가 되었다. 그는 철학·논리학·지리·인류학·물리학 등을 15년 간 가르치다가 1770년 47세에 쾨니히스베르트 대학의 정교수가 되어 논리학을 강의하였다.

그는 1776년에 동대학에서 철학과 과장, 1786년에 총장이 되었고 1788년에 다시 총장으로 재임되었다. 1796년 칸트는 노쇠로 인하여 논리학 강의를 마지막으로 폐강하게 되었으나 저술은 계속하였다. 일생을 독신으로 보낸 그는 1804년 2월 12일 80세를 일기로 세상을 떠났다.

칸트는 일평생 자기 고향인 쾨니히스베르크에서만 살았고 고향을 중심으로 40마일 밖을 나가보지 못했다. 그러나 많은 독서를 통하여 정신적으로 생활공간의 제약을 극복하였다. 그는 많은 독서로 인해 뛰어난 화술가가 되었고 그러한 제한된 생활공간이 훌륭한 교육자가 되는데 공헌하였다고 한다.

칸트의 저작은 실로 대단하다. 그는 1746년 대학 졸업 이후 1880년까지 반세기 이상에 걸쳐 무수한 저서와 논문을 발표하였다. 그 대표적인 것만 살펴보면 다음과 같다. 〈일반자연사와 천체론, 1755〉, 〈신의 존재논증에 관한 유일한 가능논거, 1763〉, 〈자연신학과 도덕의 원리판명, 1774〉, 〈미감과 숭고감, 1764〉, 〈순수이성 비판, 1781〉, 〈형이상학 서설, 1783〉, 〈도덕철학 기초, 1785〉, 〈자연과학의 형이상학적 근거, 1786〉, 〈실천이상 비판, 1788〉, 〈판단력 비판, 1790〉, 〈이성의 한계 내에서의 종교, 1793〉, 〈항구평화론, 1795〉, 〈논리학, 1880〉 등 기타 여러 저서와 논문들이 있다.

칸트의 철학을 흔히 비판철학이라고 한다. 그의 비판철학은 당시 유행하고 있었던 계몽사상과 계몽사상에 대립하는 사상을 진정한 의미에서 소화하고 종결시킨 점에서 계몽사상의 완성이었으며 대륙의 합리론과 영국의 경험론을 종합하여 오랫동안 계속된 근대철학의 논쟁과 대립을 선험적 비판철학에서 용의주도하게 비판을 가함으로써, 인간의 인식능력의 한계와 가능성을 근대 자연과학을 기반으로 하여 명백히 밝혔다는 점에서 칸트의 철학상의 공헌은 지대한 것이다.

3. 교육이론의 사상적 배경

러셀(B. Russell)은 칸트의 사상에 가장 심오한 영향을 끼친 사상가는 루소라고 하였고, 칸트가 인류에 대한 깊은 관심을 갖도록 영적으로 깨우쳐 준 사람도 루소라고 하였다.

사실 러셀의 말과 같이 칸트는 루소의 영향을 크게 받았으며 서두에서도 밝혔듯이 이러한 실증은 그의 생활에서도 알아볼 수 있다. 특히 그의 교육사상에 관한 한 루소의 교육사상이 그 배경이 이루고 있기 때문에 여기서는 두 사상가의 교육론을 간략히 밝혀 보고자 한다.

칸트는 인간이 본래 선하다는 루소의 입장과는 다르다. 그는 인간은 선한 것도 아니고 악한 것도 아니며 인간이 선함을 선택하는 데 자유로 와야 한다고 주장한다. 루소는 "신은 만물을 선하게 창조하였다"고 하는 결정론적인 입장을 갖는 반면 칸트는 "신이 인간에게 모든 선의 경향성을 갖추어 주었다"고 한다. 루소의 "자연으로 돌아가라"고 한 말은 선으로 돌아가라는 말과 같다. 그러나 칸트는 인간 속에 내재된 "선의 향성"을 계발시키라고 하였다.

칸트는 개성의 중요성, 아동중심 사상, 지나친 조기교육(형식교육)에 대한 위험성 등에 관해서 루소와 유사하지만 교육방법에 관해서는 차이를 보이고 있다. 루소는 자연성을 존중하지만 칸트는 교육의 과정에서 자연에 전적으로 교육을 맡겨서는 안 된다는 입장이다. 칸트에 의하면 아동은 유능한 교육자의 지도 없이는 동물성 이상으로 발전할 수 없다고 하였다.

칸트의 교육이론은 그의 인간성에 관한 사상과 인류의 미래에 대한 그의 소망과 깊은 관련을 맺는다. 즉, 그는 "전대의 지식을 포함하고 있는 각 세대는 인간의 자연적 천품을 인간의 목적에 적합하게 관련지어 발전시킬 수 있는 교육을 더욱더 많이 갖게 되며 그렇게 함으로써 전 인류를 그들의 운명대로 개선시킬 수 있다"고 하였다.

한편 칸트는 루소가 강조했던 개인지도법에 대해서도 입장을 달리하고 있다. 가정교육과 학교교육에 대해 칸트는 학교교육, 즉 개인지도보다 집단 지도제를 강조하고 있다. 그는 "개인의 능력을 계발시킨다는 점에서 뿐만 아니라 한 시민의 의무감을 준비시킨다는 점에서도 학교교육은 가장 훌륭한 것이라고 보아야 한다."고 하였다. 그러면서도 아동에게 경험을 할 수 있는 기회제공과 아동을 악의 상태로부터 보호해야 한다는 점에서 이들은 의견을 같이하고 있다.

칸트는 교육철학을 확립하려는 시도에서 체계적인 입장을 취하지 않았다. 그러나 교육이론을 상세하게 기술한 철학자 중의 한 사람이다. 그는 교육실제의 특수성이나 교육방법을 과학적으로 규명하려는 데 보다는 이론적인 면에 치중하고 있다. 그는 교육방법론에 있어서 판단의 과정을 강조하며 인간에 내재한 자연적 선은 교육을 통해 신체적·지적·도덕적으로 올바로 유도되어야 함을 강조한다. "이성의 함양을 소크라테스의 문답교수법에 따라 진행되어야 한다."고 강조했던 것이나 도덕성의 함양에 있어 훈련을 강조했던 것 등으로 보아도 그의 교육방법론은 과학적인 접근보다 전통적인 것이라 볼 수 있다.

그러면서도 그는 교육의 발전은 실험적 방법에 의존할 것을 강조한다. 칸트는 "어떠한 세대도 완전한 교육체제를 세울 수 없다."고 말하고 우리는 교육의 실험을 통해, 보다 나은 교육체제를 확립해야 한다고 하였다. 이성에 의해서 교육체제를 확립해야 한다고 하였다. 이성에 의해서 교육체제를 정확히 예언할 수 없기 때문에, 교육적 발전을 위한 노력에서는 계속적인 실험을 통해 교육체제를 개선해야 한다는 것이다. 이와 같은 입장에 따라 그는 그 당시 데사우 시험학교를 칭찬하고 전통적인 학교보다 실험학교를 먼저 세워야 한다고 강조하였다.

칸트의 가장 큰 영향력은 물론 그의 철학적 사유, 특히 윤리학 분야와 인식론에 관한 것이기는 하지만 그의 교육이론은 독일 내에서 많은 주의를 환기시켰던 것이다. 칸트가 교육의 근본목적을 도덕적 인간의 육성에 둔 것이나 아동의 발달 단계에 따른 도덕성의 계발에 관한 교육이론은 헤르바르트(J.F. herbart)나 듀이(J. Dewey) 등에 큰 감동을 주었고, 그들의 교육이론 형성에 큰 비중을 차지했다고 보아야 할 것이다.

칸트와 루소 간의 교육적 차이의 핵심은 철학적인 것은 결코 아니다. 그것은 그들의 사회관의 상반된 의견에 기인된다고 보겠다. 루소는 사회상을 인위적인 것, 악한 것으로 보았지만 칸트는 사회적 접촉의 인간실제의 중요한 일부를 받아들이며 사회적 제한점을 받아들이고 있다. 이 사회관의 차이점 때문에 그들은 본질적인 교육문제에 관해서는 유사성을 가지면서도 구체적·실제적·방법적인 면에서 서로 상반된 의견을 갖는다고 보겠다. 또한 그들의 차이점은 루소의 자유방임적 성격과 사상, 칸트의 성실하고 엄격주의의 성격과 그의 비판적·분석적 사상의 차이에도 기인된다고 보겠다. 이러한 일부의 차이점에도 불구하고 칸트의 교육사상은 루소의 계몽주의·자연주의 교육사상이 그 배경을 이루고 있음은 분명한 사실이다.

4. 칸트의 교육관과 교육의 이상

칸트는 철학자이면서 그의 분석적 사고와 비판적 사고로 교육문제를 고찰하고 교육의 중요성을 강조하였다. 그는 그의 《교육학》의 서두에서 "인간은 교육을 필요로 하는 유일한 존재이다."라고 전제하고 인간은 오직 교육에 의해서만 인간이 될 수 있다고 하였다. 또한 인간은 교육받은 인간에 의해서만 교육을 받아야 한다고 하였다. 루소가 인간은 자연·인간·사물의 세 측면으로부터 교육받는다고 한 것과는 달리 그는 인간으로 한정하되 학식과 덕망이 있는 교육자로 한정하였다.

칸트는 교육을 하나의 예술이라고 보았고 이 예술은 "여러 세대의 실천을 통해서만이 완성할 수 있는 예술"이라고 보았다. 그는 우리 인간에게 공헌할 수 있는 문제 중에 가장 어려운 문제가 교육이라고 하였다. 그는 이 점에 대하여 다음과 같이 술회한다. "인간이 발명한 것 중에 가장 어렵게 생각되는 문제가 두 가지 있는데 그 하나가 국가의 통치기술이며 다른 하나는 교육기술이다."

칸트는 교육의 정의를 규명하여 진술하지는 않았지만 "아직도 그 의미에 대한 논쟁을 하고 있다."고 하고, 다만 교육은 세 가지 종류로 이해되어야 한다고 하였다. 즉 아동을 돌보고 키우는 「양육」과 「훈육」, 그리고 교양을 포함한 「교수」 등이다. 그에 의하면 이 세 방법이 단계적으로 적용된다. 즉, 유아에게는 양육, 아동에게는 훈육, 그리고 학생에게는 교수 등으로 구분한 것이다.

양육이란 부모가 자녀에게 베푸는 보살핌과 관심, 주의집중 등이며 그들에게 위험성이 야기될 때 이를 보호해 주는 것을 의미한다.

훈육은 동물성을 인간성으로 변화시키며 인간성이 동물성으로 전환되는 것을 방지하는 기능을 갖는다. 칸트에 의하면 훈육은 위험을 막는다든지 인간의 난폭성을 방

173

지하고 인간의 법칙을 순종하게 한다는 뜻에서 "소극적인 교육"이다. 이 훈육은 어렸을 때 적용되어야 한다고 하였다. 그 이유는 어렸을 때 훈육에 의해 단련되지 않으면 성장해서 성격을 바꾸기가 곤란하기 때문이다.

칸트는 교양과 훈육에 관해 엄격히 구별하고 있다. 교양이 없는 사람은 미숙하고 훈육을 받지 않은 사람은 난폭하다고 본다. 그는 "훈련의 나태는 교양에의 나태보다 더 큰 죄악이다. 왜냐하면 교양은 커서도 쌓을 수 있지만 훈련을 받지 않은 난폭한 성격은 치료될 수도 없고, 또한 훈련의 결함은 구제받지도 못하기 때문이다."라고 하여 훈육의 중요성을 강조하고 있다.

칸트는 인류의 진보와 인간성의 실현을 위해 교육의 발전을 역설하였고, 교육이론의 발전으로 인간의 이상을 실현할 수 있다고 믿고 있다. 현재의 인간이 보다 더 발전하려면 교육에 대한 연구가 있어야 하며 만일 그렇지 않다면 우리가 교육에서 아무것도 바랄 수가 없다고 하였다. 그에 의하면 발전된 교육의 변화체제는 하나의 과학이어야 한다는 것이다. 또 그는 교육자가 확신해야 할 교육원리의 하나를 "아동은 교육을 받아야 하되, 그것은 현재를 위한 것이 아니라 미래의 가능한 인간조건의 개선을 위해서이며 또 그 교육은 인간성에 합당하고 인간의 전 운명에 비추어 보아도 합당한 방법으로 이루어져야 한다."고 하였다. 그리고 이 원리는 가장 중요한 원리라고 하였다. 이런 면으로 보아도 그는 교육을 미래의 인간이상 실현에 역점을 두고 있음이 분명하다.

또한 칸트는 교육의 발전과 이를 통한 미래사회의 번영에 대해서도 확신을 가지며 낙관적인 입장을 갖는다. 그리고 교육에 그러한 힘과 비결이 있음을 확신한다. 이 점에 대해 그는 이렇게 말하고 있다. "교육은 계속적으로 개선될 것이다. 그리고 다음 세대는 인류의 완성을 향하여 한 발자국씩 전진하게 될 것이다. 왜냐하면 교육은 인간성을 완성시킬 수 있는 위대한 비결을 내포하고 있기 때문이다. 바로 지금 이 순간 훌륭한 교육의 방향으로 무엇인가 이루어지고 있는 중이다. 교육을 통해 인간의 본성을 계속적으로 개선시키고 또한 인간의 본성에 가치 있는 조건을 가져오게 된다는 것은 기쁜 일이다. 이것은 미래에 보다 더 행복한 인류의 번영을 우리에게 제공할 것이다."

칸트는 이상과 같은 교육의 이상을 실현하는 곳으로서 공식교육 기관인 학교를 들고 있다. 그는 학교를 의무적인 교양을 쌓는 곳으로 보고 학교교육을 강조하고 있다.

따라서 교육은 의무적이며 자발적이어야 할 것을 주장한다. 그는 이와 같은 의무적인 학교교육에서 중대시해야 할 것으로 다음과 같이 네 가지를 들고 있다.

그가 첫째로 들고 있는 것이 훈육이다. 훈육은 우리 인간의 동물성을 억제하게 하고 보다 훌륭한 인간성을 갖게 하는 것으로 인식한다.

둘째는 우리 인간에게 교양을 공급하도록 하는 일이다. 교양은 능력을 제공하며 이 능력이란 여러 가지 인간의 목적을 실현하는 재능을 소유하는 것이다.

셋째는, 교육에서 판단력을 기르는 일이다. 판단력은 사회생활에서 자발적으로 활동할 수 있기 때문이다.

넷째는, 도덕적 훈련을 쌓는 일이다. 인간은 자기의 어떤 목적에 부합되도록 교육받는 것으로는 불충분하다. 그는 선의 목적 이외에는 아무것도 선택하지 않도록 훈련되어야 한다. 도덕적 훈련은 교육에서 가장 중요한 요소인데도 현재 교육에서 소홀이 취급되고 있다.

이상이 칸트가 강조한 교육의 중요한 요소들이다. 그가 "항구적 평화"에서도 역설하였듯이 그의 이상은 인류의 평화사회 건설에 있다. 이 평화 사회는 과학문명의 발달보다 도덕사회로의 발달로써 가능하다고 보고 있다. 따라서 그의 교육의 이상은 도덕성의 함양을 통해 인류사회가 도덕적으로 발전하여 평화를 누리는 데 있는 것이다. 이를 실현하기 위한 수단이 교육이며 이것이 바로 교육의 중심과제인 것이다. 즉, 그에게는 도덕성이 "인간의 최고목표이며 동시에 교육의 최고목표"인 것이다.

5. 교육목표로서의 정신능력

칸트는 인간의 정신능력을 일반능력과 특수능력의 두 가지로 구분한다. 그리고 이 두 영역에서 다시 하위능력을 들어 그 능력의 습득에 필요한 방법을 제시하고 있다. 그는 인간의 정신기능 및 능력을 포괄적으로 개발시킬 것을 강조한다.

1) **일반정신능력의 함양** : 그는 일반정신을 특수능력보다 하위개념으로 규정한다. 그리고 일반능력으로서 기능의 숙달을 들고 있다. 이것은 어떤 특수한 지식습득을 목적으로 한 것이 아니라 일반적 정신능력의 강화를 목적으로 한다.

이 일반 정신능력의 함양은 신체적인 것과 도덕적인 것으로 구분된다. 그에 의하면 신체적인 것은 훈련과 연습에 의해 함양된다. 또 그것은 아동이 어떤 준칙에 의한 훈련이나 연습이 아니고 타인의 지도에 따른 것이며 아동은 피동적으로 행동해야 한다.

도덕적인 것은 훈련에 의한 것이 아니고 격률에 의해서 함양된다. 만일 도덕적 훈련이 모범이나 위협, 처벌 등에 의한다면 그것은 소기의 성과를 거두지 못할 것이다. 칸트는 아동이 자기 자신의 격률 때문에 올바로 행동하는 것이지 단순히 습관 때문에 올바로 행동하는 것으로 보지 않는다. 즉, 그는 아동이 올바른 행동을 하는 것은 그 행동이 올바르기 때문에 올바른 행동을 하는 것이며 맹목적으로 올바른 행동을 한다고 보지 않는다. 왜냐하면 모든 행위의 도덕적 가치는 선에 관한 격률로 구성되어 있기 때문이다.

2) **특수정신능력의 함양** : 칸트는 특수 정신능력으로서 주의력 · 인식력 · 감각력 · 상상력 · 기억력 · 지능 등을 들고 있다. 그는 감각력의 함양으로써 시력 · 통찰력을 들고 있다. 상상력의 함양에 관해 그는 "아동들은 일반적으로

매우 생생한 상상력을 가지고 있다."고 전제하고 상상력을 기르는 방법으로 지도나 그림으로 가르칠 것을 제안하고 있다.

주의력은 일반적으로 정신강화, 즉 마음을 가다듬는 것을 의미한다. 칸트는 마음이 해이해지는 것을 "모든 교육의 적"이라고 한다. 그리고 기억력은 인간의 주의력에 의해 결정된다고 본다. 그는 특수 정신능력 중에 이해력과 판단력 및 이성을 최상위 정신능력이라고 한다.

판단력은 어떤 면에서 법칙을 증명할 수 있는 표본을 인용하는 것과 같이 피동적으로 함양될 수도 있고 이와 반대로 특수한 상황에 직면하여 아동 스스로가 법칙을 발견함으로써 함양되기도 한다. 또한 판단력은 이해력을 도와주기도 한다. 그는 "우리가 배운 것과 말한 것을 이해하기 위해 이해력이 필요하고, 알지도 않고 어떤 것을 반복해서 말하는 것을 방지하는 데도 이해력이 필요하다"고 하였다. 칸트는 정신능력을 함양하는 최선의 방법은 성취하고자 하는 바에 스스로 최선을 다해 노력하는 일이라고 하였다. 그는 우리가 정확하게 배우고 철저하게 기억하는 한 방법으로서 "우리 스스로 우리를 가르치는 일"이라고 하여 자학방법(自學方法)을 중시한다.

그는 이성은 "일반성과 특수성 양자간의 관계를 이해하는 힘"이라고 정의하고 있다. 그에 의하면 아동들에게 현재를 훈련시킬 필요가 없다는 것이다. 또한 그들에게 여러 문제를 논쟁하도록 허용할 필요도 없고 다만 그들이 의문을 제기할 때에만 이해할 수 있도록 도와주어야 한다는 것이다. 이성을 계발하는 방법, 아동에게 어떤 아이디어를 주입하는 것이 아니라, 오히려 그들 자신이 가지고 있는 아이디어를 끌어내는 방법으로서 칸트는 산파법(産婆法)이나 교리 문답법(敎理問答法)과 같은 방법을 제안하였다. 그는 이 교리 문답식의 방법이나 산파법을 어떤 경우에는 아주 유리한 방법이 된다고 찬성하고 있다.

칸트는 "전체 교육목적의 체계적인 아이디어와 그 성취방법을 제시"한다고 하였으나 이상과 같이 주로 인간의 정신능력의 종류와 그 습득방법에 한정하고 있다. 그러나 그는 오히려 도덕성에 관해 구체적으로 밝히고 있다.

6. 도덕성과 성격형성

칸트가 그의 철학이나 교육론에서 도덕률과 인간의 도

덕성을 강조한 것은 주지의 사실이다. 그는 도덕성의 함양을 인간의 성격형성에 관한 문제라고 규정한다.

칸트는 우리가 아동의 올바른 성격을 형성하고자 시도할 때 무엇보다 중요한 문제는 성격형성을 위한 특별계획과 법칙을 제시해 주는 일이라고 한다. 더불어 일단 세워진 계획과 법칙은 엄격히 준수하도록 노력해야 할 것을 강조한다. 도덕성 함양의 초기 과제를 아동의 성격형성을 위한 교육으로 보기 때문에 칸트에 있어서 도덕교육의 기초는 성격형성을 위한 교육이라고 하겠다. 그는 도덕교육의 초기단계, 즉 아동의 성격형성을 위한 초기단계에서는 그들에게 무엇이 옳고, 무엇이 그른가를 구별할 수 있는 아이디어를 주입시켜 주어야 한다고 강조한다. 그는 이 초기교육의 내용으로서 준칙을 들고 있다. 칸트는 아동의 성격형성에 관한 구체적 이론 제시나 이론적 접근을 시도하지는 못했지만 그는 아동의 성격 내지 성격형성에 있어 기본원리(특성)로서 세 가지를 들고 있다.

1) **복종의 원리** : 아동의 성격형성에 있어 첫째로 들고 있는 것이 복종의 원리다. 그에 의하면 복종에는 두 가지 종류가 있다. 그 하나는 명령에 따라 행동하는 절대적 복종

이고, 다른 하나는 선의지(善意志)와 이성적 의지에 따르는 복종이다. 복종은 타인의 강제로 인해 나타날 때가 있다. 이와 같이 강제에 의한 복종을 칸트는 절대적 복종이라고 한다. 이와는 달리 아동이 어떤 문제에 관해 자기 자신의 확신에 따라 행동하는 복종이 있는데, 이는 이성적 의지에 따른 복종으로서 칸트는 자발적 복종이라고 한다. 그는 이 자발적 복종과 절대적 복종은 아동의 도덕교육에서 매우 중요하며 특히 절대적 복종은 아동이 성장하여 시민으로서 법칙을 준수하는 데 준비수단으로도 중요하다고 하였다.

칸트는 도덕성을 함양하는 데 있어 처벌은 피해야 할 것을 원칙으로 하면서도 경우에 따라서 벌을 가 할 것을 제안한다. 즉, 그는 아동이 명령을 위반하는 것은 복종심이 부족하기 때문이므로 처벌을 받아야 하고 태만으로 인해 명령을 어길 때도 처벌이 가해져야 한다고 하였다. 그는 이 처벌을 육체적인 것과 도덕적인 것으로 양분한다.

도덕적 처벌이란 아동의 원망에 대해 이를 도외시 내지 무시해 버리는 것이다. 예를 들면 타인의 존경과 사랑을 받고자 하는 아동을 냉대하고 경원시함으로써 그에게 창피를 주는 것이다.

칸트는 아동이 거짓말을 할 때 경멸의 표정을 짓는 처벌은 가장 적절한 처벌방법이며 이는 또한 도덕성 함양을 위한 한 방법으로서 가장 좋은 처벌방법이라고 하였다.

육체적 처벌, 즉 체벌이란 아동의 요구를 거절해 버리거나 육체적 고통을 가하는 것을 뜻한다. 아동의 요구를 거절해 버리는 것은 도덕적 처벌과 같은 것이며 이는 소극적 처벌에 속한다. 그러나 아동에게 고통을 주는 체벌은 "노예적 경향을 초래하지 않도록 신중하게 적용해야 한다."고 주장한다. 그러나 그는 도덕적 처벌로는 불충분할 때, 혹은 그것이 전혀 아무런 효과도 가져오지 못하고, 도덕적 처벌방법으로 훌륭한 성격을 갖게 될 수 없을 때에만 체벌을 가할 것을 제안한다.

이상과 같이 아동의 성격형성에 있어서 체벌의 필요성을 인정하면서 그 신중론을 들고 있다. 그는 "분노의 표정으로 가해지는 처벌은 쓸모없는 일이다. 그렇게 되면 아동들은 처벌을 단순히 분노의 결과로 오인하게 될 것이고 자기 자신이 분노의 희생물인 양 생각하게 될 것이다. 따라서 처벌의 일반적 원칙은 처벌의 목적이 그들의 발전을 위해 가해진 것으로 이해하도록 최대한 신중을 기하는 일이다."고 하였다.

2) **진실성의 원리** : 둘째로 들고 있는 이 진실성을 칸트는 "성격의 기초와 본질"이라고 한다. 그는 진실성을 강조한 반면 그 반대 개념인 허구성은 단호히 배격한다. 칸트는 인간이 자기 마음속에 선이 내재된 상태에서 거짓말을 한 것은 그의 단순한 성질의 결과로 보지만 "거짓말을 하는 사람(성인)은 아무런 성격도 갖지 않은 사람"이라고 단정해 버린다. 그러나 그는 아동의 허위진술에 대해서는 견해를 달리한다. 즉, "어떤 아동들은 거짓말을 하려는 경향이 있다. 그들은 자주 거짓말을 하지만 그것은 다른 특별한 이유가 있는 것이 아니고 활발한 상상력을 가지고 있기 때문"이라고 하여 아동들의 거짓말에 대해서는 관용을 베풀고 있다.

그는 아동의 거짓말이 어떤 위해(危害)를 가져오지 않는 다면 어떤 조건하에서도 그들에게 강제로 진실을 주입시키기 위해 처벌을 가해서는 안 된다고 하였다. 왜냐하면 그들은 위해감을 가짐으로써 이미 처벌을 받은 것이나 다름없기 때문이다. 그에 의하면 아동이 거짓말을 했을 때 적합한 처벌방법은 아동에 대한 존경심을 철회하는 것이다. 그러나 여기서 무엇보다 중요한 것은 아동들이 처벌에 대해 원한을 품지 않도록 신중하게 존경심을 철회하는 일이라고 하였다.

3) **사교성의 원리** : 아동의 성격 특성에 관해 마지막으로 들고 있는 사교성은 대인관계의 원리로서 칸트는 여기서 우정을 강조하고 있다. 그는 이 우정문제에 관해 "이는 아동 자신만으로 성립된 것이 아니라 교사가 협조해 주어야 하는데 실제로 학교에서 반대하고 있어 큰 과오를 범하고 있다"고 비난한다. 그는 이 우정이야말로 인생을 최대한으로 즐길 수 있는 수단이라고 하였다.

아동들이 서로 우정을 갖도록 하는 데 교사는 지식 습득을 위한 입장에서가 아니라 성격형성을 위한 입장에서 지도해야 한다는 것이다. 이 점에 대해 칸트는 다음과 같이 말한다. "만일 그렇지 않으면 우정과 반대되는 질투심만 야기 시키게 될 것이다. 아동들은 태양과 같이 밝은 표정으로 솔직하고 명랑하도록 지도해야 한다. 즐거운 마음속에서만이 행복을 찾을 수 있기 때문이다. 그러므로 학교에서는 아동들을 편협한 구속에서 풀어 주어야 한다. 그렇지 않으면 그들의 자연적 희열이 냉각되고 만다. 아동은 자유스러울 때 그의 성품은 자연적 신축성을 회복하게 된다." 이상과 같이 말한 칸트는 아동이 완전한 자유를 누린 가운데서 경쟁 놀이를 하게 함으로써 이 목적을 달성할 수 있다고 하였다. 대부분의 사람이 인생의 청소년기가 가장 즐겁고 소위 "인생의 황금기"라고 보지만 칸트는 이 시기가 도덕적 훈련을 엄격하게 해야 할 시기로 보기 때문에 고통의 시기로 본다. 그는 엄격한 훈련을 받을 시기이기 때문에 자기가 원하는 친구도 사귈 수 없고 자유를 누릴 수도 없다고 한다.

칸트는 이상과 같이 도덕성 함양을 위한 성격형성의 특성으로 복종 · 진실성 · 사교성을 들고 이 모든 것을 아동의 연령에 따라 가르칠 것을 제안한다. 왜냐하면, 연령에 따르지 않으면 아무 성과도 거두지 못한다고 보았기 때문이다. 그는 부모들이 이러한 원리를 무시하고 자식들의 조숙을 바라는 것은 중대한 문제라고 하고 다음과 같이 말한다. "아동은 아동으로서 현명해야 하고 아동에게 합당한 도덕교육이 이루어져야 한다. 만일 성인에게 부합된 도덕을 강요한다면 아동은 모방자로서만 조숙하게 될 것이다. 교육의 오류에서 오는 도덕적 조숙아는 통찰력을 상실하며 이해력도 분명하지 못한 사람으로 전락하게 될 것이다."

그는 성격형성의 기초로서 "자기 자신에 대한 의무"와 "타인에 대한 의무"를 들고 있다.

자신에 대한 의무란 아동이 자기 자신을 한 "인간"으로 의식하는 것, 즉 인간으로서 자기의 존엄성을 의식함으로써 자기를 아끼고 발전시키는 데 노력해야 하는 의무라고 하겠다. 칸트는 자신에 대한 의무를 도덕성의 발달과 관련시켜 이렇게 말한다. "인간은 독특한 인간의 존엄성을 자기 내부에서 모독되지 않도록 하는 것이 자신에 대한 의무이다."

타인에 대한 의무란 아동이 다른 사람의 권리를 존중하고 존경하는 마음을 갖도록 어려서부터 그러한 것을 배워야 하는 의무를 말한다. 타인에 대한 존경이 아동의 행동에서 실현될 때 그는 도덕적으로 성숙하게 된다. 칸트는 이상과 같은 의무감이 성격화되도록 아동 초기부터 도덕교육 내지 도덕적 훈련이 필요하다고 보았다. 그리고 그는 도덕성 함양으로서 성격발달은 격률과 법칙 및 특별계획에 의해 실천함으로써만이 가능한 것으로 인식하였다. 칸트에 있어 도덕성은 그의 철학의 과제이며 또한 아동의 성격과 관련되어 교육의 중심과제가 되고 있다.

7. 결론

칸트가 일평생 봉직하였던 쾨니히스베르크 대학에서는
부크너(E.F. Buchner)의 제안에 따라 일주일에 두 번씩 철학
과 교수 중의 한 사람이 교육에 관한 강연을 하도록 되어
있었다.

칸트는 이 계획에 따라 1776~1777년과 1786~1787년 기
간중 네 번에 걸쳐 교육에 관한 강연을 하였다. 그의 "교육
학에 관한 강의 노트"가 그가 작고하기 1년 전인 1803년에
링크(D.F. Theodor Rink)에 의해 《교육학》이란 책자로 발간
되었다. 그는 여기에서 교육문제를 도덕성 · 자유 · 인간
성 등의 세 가지 큰 측면에서 다루고 있다.

이 《교육학》은 3장으로 구분되어 있다. 본고는 주로 이
《교육학》에서 다루고 있는 많은 문제 중에 그 일부를 살
펴본 것에 불과하다. 서론에서도 밝힌 바와 같이 칸트의
교육이론을 정확히 고찰하려면 루소의 교육사상을 연구
해야 되고 그의 철학을 알아야 한다. 그러한 시도는 앞으

로의 과제로 남는다.

칸트의 교육이론에서 도덕교육의 강조와 훈육에 의한 성격형성이나 고등 정신능력 등은 우리의 교육현실에 많은 시사를 준다고 하겠다. 국민정신 교육이나 도덕교육이 강조되고 있는 현시점에서 그의 교육론의 연구를 통해 많은 교육적 시사를 받아야 할 것으로 생각된다.

II 칸트의 철학

1. 칸트 철학의 개관

칸트는 일반적으로 현대 철학자 중에서 가장 위대한 사람으로 간주되고 있다. 본인은 이와 같은 평가에 찬동할 수 없지만, 그렇다고 그의 중요성을 부인한다는 것은 어리석은 짓인 것이다.

칸트는 일생 동안을 동 프러시아의 쾨니히스베르크와 그 근처에서 살았다. 그의 외적인 생활은 학구적이었고 매우 평온하였다. 그러나 그는 7년 전쟁(이 전쟁 동안에 러시아인은 동 프러시아를 점령했다)을 겪었으며, 프랑스 혁명과 초기 나폴레옹 시대에 살았다.

그는 라이프니츠 철학을 공부했으나, 루소와 흄(D.

Hume)의 영향을 받아 이것을 버리기로 하였다. 흄(D. Hume)은 그 인과관계에 대한 개념의 비판으로 칸트를 그의 독단적인 꿈에서 깨게 하였다고 칸트는 그렇게 말하고 있다.

그러나 그가 독단의 꿈에서 깨어난 것도 한때뿐이었고 그는 곧 하나의 수면제를 발견하였으며, 이것이 그를 다시 잠들게 하였다. 흄은 칸트에게는 논박 받아야 할 상대였다. 그러나 루소의 영향은 더욱 지대한 것이었다. 칸트는 규칙적인 습관을 갖고 있었으므로, 사람들은 그가 산책을 다니는 길에 자기 집 문 앞을 지나갈 때 시계를 맞출 정도였다. 단 예외적인 경우가 있었는데 그것은 그가 《에밀》을 읽던 며칠 동안 시간표를 파기한 것이었다.

그는 루소의 저서를 몇 번이나 되풀이해서 읽었다고 했는데, 왜냐하면 처음 읽을 때에는 그 문체의 아름다움에 매혹되어 문제를 생각할 여유를 갖지 못하였다는 것이다.

그는 경건한 기독교도로서 성장했으나 정치에 있어서나, 신학에 있어서는 자유주의자였다. 그는 자코뱅당(Jacobins)의 공포시대까지는 프랑스 혁명을 동정하였다.

그는 민주주의 신봉자였다. 그의 철학은 우리가 지금부터 살펴보려는 바와 같이, 이론의 냉철한 지배와는 달리 가슴에 호소하는 것을 용납하기도 하였다. 그리하여 그의 철학은 좀 과장해 말하면, 사보이아드 목사(Savoyard Vicar)의 현학적(衒學的)인 재판(再版)이라고 생각할 수 있을 것이다.

인간은 각자 자기 자신을 목적으로 삼을 수 있다는 그의 주의는 인권사상의 일종이라고 하겠다. 자유에 대한 그의 사랑(아이들과 어른에 대한)은 다음과 같은 그의 말에 잘 표현되어 있다. "인간의 행위가 타인의 의지에 복종해야 한다는 것보다 더 두려운 것은 없을 것이다."

칸트의 초기 작품은 철학보다 과학에 관한 것이 더 많다. 그런가 하면 바람에 대한 논문에서, 유럽에서 부는 서풍은 대서양을 건너오기 때문에 습기가 많은가 하는 문제에 관한 짤막한 글을 쓴 일도 있다. 자연지리학은 칸트가 커다란 관심을 갖고 있었던 주제였다.

그의 과학저술 부분에서 매우 중요한 것은 "일반 자연사와 천체론"이다. 이것은 라플라스의 성운설(星雲說)을 연상케 한다. 이 학설은 태양계의 기원에 대한 가설을 세우고 있다. 이 저술은 어떤 대목은 주목할 만한 밀턴(J. Milton) 적(的)인 숭고함을 지니고 있으며 그 장점은 유용한 가설을 발견하였다는 데 있지만, 이 가설은 라플라스처럼 깊은 논의를 전개하지 못하고 어떤 부분은 공상적인 것도 있다.

예컨대, 모든 유성에 다 사람이 살고 있으며, 가장 먼 유성에는 제일 우수한 인간들이 살고 있다는 주장 같은 것이 그렇다. 이것은 이 세상에 살고 있는 인류의 겸손한 견해로서, 칭찬받을 만한 일일지는 모르지만, 과학적인 근거는 전혀 갖고 있지 않다는 것이다.

칸트에 있어서의 신비주의적인 요소는 저술 속에 크게 나타나지는 않지만 역시 있기는 있다. 이 신비주의적인 요소가 스웨덴 보르크를 경탄케 하였으며, 매우 숭고하다고 말하게까지 만들었던 것이다.

칸트는 당시의 일반 학자들과 마찬가지로 숭고하고 아름다운 것에 대한 논문을 썼다. 밤은 숭고하고 낮은 아름다우며, 바다는 숭고하고 육지는 아름다우며, 남자는 숭고하고 여자는 아름답다 등등.

「브리태니커 백과사전」에는 이렇게 쓰여 있다. "칸트는 결혼하지 않았으므로 그의 젊었을 때의 학구적인 습관을 노년에 이르기까지 이끌고 갈 수 있었던 것이다." 나는 이 글을 쓴 사람이 미혼자인지 결혼한 사람인지 알 수 없다.

칸트의 가장 중요한 저술은 《순수이성비판》이다. 이 책은 초판이 1781년에 나오고 재판은 1787년에 나왔다. 이 책의 주안점은 인간의 모든 지식은 경험을 초월할 수 없지만 그러나 부분적으로는 선험적(a priori)이며 이것은 경험에서 귀납적으로 추리되는 것은 아니라는 것이다.

칸트에 의하면 우리의 지식에 있어서 선험적인 부분은 논리뿐만 아니라 논리에 포함되지 않거나, 또는 논리에서 연역할 수 없는 것까지도 내포하고 있다. 그는 라이프니츠가 혼돈하고 있던 두 가지 구별을 확실히 밝혔다. 하나는 분석적인 명제와 종합적인 명제의 구별이고, 또 하나는 선험적인 명제와 경험적인 명제의 구별인데 이 두 가지 구별에 대하여 좀 설명하려고 한다.

「분석적」명제란 술어가 주어의 부분으로 되어 있는 명제이다. 가령 "키가 큰 사람은 사람이다." 또는 "2등변 삼각형은 삼각형이다."와 같은 것 등이다. 이와 같은 명제는 모순율(矛盾律)에서 비롯된다. 키가 큰 사람은 사람이 아니다 라고 주장한다는 것은 모순이다.

「종합적」인 명제는 분석적이 아닌 명제이다. 우리가 경험을 통해서만 알 수 있는 명제는 다 종합적이다. 우리는 단지 개념을 분석하는 데 그쳐서는 다음과 같은 진리를 발견하지 못한다. 즉, "화요일은 흐려 있었다." 또는 "나폴레

옹은 위대한 장군이었다."등등이다. 그러나 칸트는 라이프니츠나 그 밖에 칸트 이전의 철학자들과는 달리, 그 역(逆)을 인정하려고 하지 않는다. 다시 말해서 모든 종합적인 명제는 단지 경험을 통해서만 알 수 있다는 것을 인정치 않던 것이다. 이제 우리는 위에서와 같은 구별의 둘째 것에 대하여 고찰해 보자.

「경험적」인 명제는 우리의 감각적인 지각(知覺)이거나 다른 사람(우리가 그의 증거를 믿는)의 감각적인 지각이거나간에 감각의 도움에 의해서만 알 수 있는 명제이다. 역사적 및 지리적인 사실은 다 이런 것이다. 과학의 법칙도 그 법칙의 진리성에 대한 지식이 관찰에서 비롯된 경우에는 마찬가지이다.

한편 "아 프리오리"한 명제는 설사 그것이 경험에 의해 유도 되더라도 그 후로는 경험 이외의 다른 하나의 토대를 갖고 있는 것이다. 산수를 공부하는 아이는 두 개의 대리석과 또 두 개의 대리석이 있음을 경험하고 이것을 합치면 네 개가 되는 것을 경험하기 때문에 그 공부가 가능할지 모른다. 그러나 그 아이가 「2에 2를 더하면 4」라는 일반명제를 안 연후에는 더 이상 실례를 확인할 필요가 없게 된다. 이와 같은 명제는 귀납이 어느 일반적인 법칙에 줄 수 없는 어떤 확실성을 갖는다. 순수 수학의 모든 명제는 이런 의미에서 "아 프리오리"하다.

흄에 의하면, 인과법칙은 분석적이 아니라는 것을 증명하였다. 우리는 또한 우리의 인과법칙의 진리성에 대해서는 확실치 못하다는 것을 생각해 내었다.

칸트는 인과법칙이 종합적이라는 견해는 인정하였지만 그러나 인과법칙은 선험적으로 알려진다고 주장하였다. 그는 산수나 기하도 종합적이며 동시에 "아 프리오리"하다고 주장하였다. 그리하여 그는 이 문제를 아래와 같이 서술하였다.

선험적인 종합판단은 어떻게 가능한 것인가? 이에 대한 대답과 그 결론이 《순수이성비판》의 주제가 되어 있다.

칸트는 이 문제를 자기가 해결할 수 있다는 확신을 갖게 되었다. 그는 이 문제를 탐구하는 데 12년이라는 세월을 소비하였지만 그의 학설이 일단 형성된 후에는 이 큰 책을 탈고하는 데 몇 달 밖에 걸리지 않았다.

그는 초판의 머리말에서 이렇게 말하고 있다. "나는 이제 해결되지 않은 형이상학의 문제가 하나도 없다고 감히 말하고자 한다. 지금까지는 이 문제의 해결을 위한 열쇠가 주어지지 않았던 것이다."

재판 머리말에는 자기가 철학에서 코페르니쿠스적인 전환을 이루었다고 말하고 있다.

칸트의 말에 의하면, 외계는 감각의 재료만을 제공해 주며 우리의 정신기관이 이 재료를 공간과 시간 속에 배열하여 개념을 공급하며 이 개념에 의해 우리는 경험을 이해하게 된다는 것이다. 우리의 감각의 원인이 되는 물 자체(物自體)는 알려지지 않는다. "물 자체"는 공간과 시간 속에 있는 것이 아니다. 그것은 실체가 아니며, 칸트가 범주라고 부르는 어떤 일반 개념으로서는 부를 수 없다.

공간과 시간은 주관적이며, 우리들의 지각기관의 일부를 이루고 있는 것이다. 그러나 이로 말미암아 우리가 경험하는 모든 것이 기하(幾何)나 시간에 관한 과학이 취급하는 모든 성질을 나타내게 되리라는 것을 확신할 수 있는 것이다. 우리는 푸른 안경을 쓰면 모든 것이 푸르게 보이리라는 것을 확신할 수 있을 것이다. "이것은 칸트의 설명은 아니다". 이와 마찬가지로 우리는 언제나 공간이라는 안경을 마음속에 끼고 있기 때문에 모든 것을 공간 속에 보게 될 것을 확신할 수 있다.

이와 같이 해서 기하는 경험되는 모든 것에 참되어야 한다는 의미에서 선험적인 것이다. 그러나 우리는 기하를 "물 자체"에까지 적용시킬 수 있다고 할 만한 근거는 갖고 있지 못한다. 우리는 "물 자체"를 경험하지 못하기 때문이다.

칸트는 공간과 시간은 어떤 개념일 수 없으며 직관의 형식이라고 한다. 그러나 선험적인 것 중에는 「직관의 형식」이외에 또 선험적인 개념이 있는데 이것이 곧 범주이다. 칸트는 이것을 삼단론법의 형식으로 유도해 내고 있다. 이 범주는 셋씩 네 쌍으로 구분된다.

1. 양 - 단일성 · 복수성 · 전체성
2. 질 - 실재성 · 부정성 · 제한성
3. 관계 - 실체성 · 우연성 · 상호성
4. 양상 - 가능성 · 존재성 · 필연성

이 범주들도 공간이나 시간과 마찬가지로 주관적이다. 다시 말해서 우리의 정신구조는 우리가 경험하는 모든 것에 이 범주가 적용되게 마련이다. 그러나 이것들이 "물 자체"에 적용된다고 생각할 만한 근거는 없다. 다만 인과관계에 대해서는 일관성이 있다. 왜냐하면 칸트는 "물 자체"를 감각의 원인이라고 보고 있기 때문이다. 그리고 자유

의지도 공간과 시간 속에서 일어나는 사건의 원인이 된다고 주장하고 있다.

이와 같은 통일성의 결여는 우연한 실수가 아니라 그의 체계의 본질적인 부분에 속하는 것이다.

《순수이성비판》의 많은 부분이 경험할 수 없는 사물에 공간과 시간 또는 범주를 적용시킬 경우에 일어나는 과오를 밝히는 데 충당되고 있다.

칸트에 의하면, 직관의 형식이나 범주를 경험하지 않는 사물에 적용시키면 「이율배반」에 빠지게 된다고 한다. 즉, 입증할 수 있는 서로 모순되는 명제에 봉착하게 된다는 것이다. 그리하여 칸트는 각각 청렴과 반립(反立)으로 된 네 가지 「이율배반」을 들고 있다.

첫째 이율배반에 있어서 정립은 "세계는 시간적으로 시작을 가지며, 공간적으로 한계가 있다."이다. 그리고 반립은 "세계는 시간적으로 시작이 없으며, 공간적으로 한계가 없다. 다시 말해서 세계는 시간적으로나 공간적으로 무한하다."이다.

둘째의 이율배반은 합성된 실체는 단순한 부분으로 이루어진다는 것을 입증하기도 하고 이루어지지 않는다는 것을 입증하기도 한다.

셋째 이율배반에서 정립은 두 가지 인과율이 있다고 주장한다. 하나는 자연 법칙에 있어서의 인과율이고 또 하나는 자유에 있어서의 인과율이다. 반립은 자연 법칙에 의한 인과율이 있을 뿐이라고 한다.

넷째 이율배반은 절대적·필연적인 존재자는 존재하며 또 존재하지 않는다는 것을 입증하고 있다.

이 부분이 헤겔(Hegel)에게 큰 영향을 주었다. 헤겔의 변증법은 이율배반의 방식으로 전개되는 것이다.

칸트는 유명한 한 장(章)에서 신의 존재에 관한 종래의 이성적인 증명을 모조리 떨쳐 버리고 신을 믿는 다른 이유가 있다는 것을 밝힌다. 그는 이것을 《실천이성비판》에서 나중에 발표하려고 했으며, 그의 의도는 당분간은 매우 소극적이었다.

그에 의하면 순수이성에 의해 신의 존재를 입증한 것에는 세 가지가 있을 뿐이다. 즉, 존재론적 증명과 우주론적 증명, 그리고 자연신학적인 증명이 그것이다.

칸트가 설명하는 존재론적 증명에 있어서는 신을 가장 실재적인 존재, 즉 존재자에 속하는 모든 술어의 주체가 되는 자라고 한다. 이와 같은 증명이 옳다고 생각하는 사람은 「존재」도 하나의 술어이며 따라서 이와 같은 주체는「존재」라는 술어도 갖지 않으면 안 된다. 즉 존재하지 않으면 안 된다고 한다. 그러나 칸트는 존재는 술어가 아니라고 주장하여 이상의 논의를 부인한다. 그는 말하기를 "내가 단지 상상하는 100불은 실재하는 100불과 같은 술어를 갖는다."는 것이다.

우주론적인 증명은 다음과 같다. 만일 무엇이 존재한다면 어떤 절대적이고 필연적인 존재자가 존재하여야 한다. 그런데 나는 내가 존재한다는 것을 알고 있다. 그러므로 하나의 절대적이고 필연적인 존재자는 존재하는 것이다. 그리고 이것은 최고의 실재자라야 한다. 칸트는 이 논의에 있어서 마지막 단계는 존재론적인 증명을 되풀이한 것이며 따라서 이미 말한 바에 의해 논박될 수 있다고 주장한다.

자연신학적인 증명은 계획으로부터의 증명으로 잘 알려져 있으며 여기서 형이상학의 옷을 입고 있다. 이 증명에서 우주는 목적의 증거인 질서를 보여 준다고 한다.

칸트는 이와 같은 주장을 소중하게 다루고 있다. 그러나 칸트는 이 증명은 세계 건축자를 증명할 뿐, 세계 창조자를 증명하지는 못한다고 지적하고 있다. 그러므로 신에 대한 충분한 개념을 주지는 못한다는 것이다. 그는 이렇게 결론을 내린다. "가능한 오직 하나의 이성신학은 도덕 법칙에 지도를 요구하는 신학이다."

그의 말에 의하면 신과 자유 및 영혼불멸은 "이성의 세 가지 이념"이라는 것이다. 그러나 순수이성은 우리로 하여금 이 이념들을 형성하게 유도하더라도 이 이념들의 실재를 입증하지는 못한다. 이 이념들의 중요성은 실천적인 데 있다. 다시 말해서 그것은 도덕과 관련되어 있는 것이다. 이성을 오직 이지적으로만 사용하면 과오를 범하게 되며 올바로 사용하면 도덕적인 목적을 달성하기 위한 힘이 된다.

이성을 실천에 적응시키는 문제는《순수이성비판》의 거의 마지막에 가서 간단히 취급하였으며《순수이성비판》에서 충분히 다루고 있다. 그 주장은 이러하다.

도덕법칙은 정의를 요구한다. 다시 말해서 그것은 덕에 비례되는 행복을 요구한다. 그런데 이것은 오직 신의 섭리만이 보증해 줄 수 있다. 그리고 분명히 이 세상에서는 보증 받을 수 없는 것이다.

그러므로 신은 존재하며 내세는 있는 것이다. 또한 자유도 있어야 한다. 자유가 없으면 덕이란 있을 수 없기 때문이다.

칸트의 윤리체계는 그의 《도덕적 형이상학》에서 볼 수 있는 것처럼 상당히 역사적인 중요성을 차지하고 있는 것이다. 이 책에는 정언명령(定言命令)이라는 말이 나온다. 이것은 적어도 한 술어로 철학 전문가들의 눈에는 낯익은 말이다. 칸트는 공리주의와 관련을 지으려고 하지 않는다. 이것은 예상된 것이기는 하다. 그는 적어도 도덕성과는 결코 관련을 맺으려고 하지 않는다.

그는 "전혀 고립된 그러니까 어떤 신학이나 물리학 또는 초 물리학 등과는 혼돈되지 않는 도덕의 형이상학을 원한다."고 말한다. 그는 계속해서 "모든 도덕개념은 완전히 선험적인 이성 속에 그 위치와 근원을 갖고 있다"고 한다.

도덕적인 가치는 우리가 의무감에서 행동할 경우에만 있을 수 있는 것이다. 그런데 행위는 의무가 명령하는 그런 성질의 것으로는 불충분하다. 상인이 이기적인 동기에서 정직한 행위를 하거나 자비심의 충동으로 말미암아 친절을 베푸는 것 등은 덕이라고 할 수 없다.

도덕성의 본질은 법의 개념에서 비롯되어야 한다. 왜냐하면 자연의 모든 것이 법에 따라 행하게 되지만 단지 이성적인 존재만이 법의 이념에 따라 행동할 능력을 소유하고 있기 때문이다. 다시 말해서 의지에 의해 행동할 능력을 갖는 것이다. 객관적인 원리의 이념은 이것이 의지를 강요할 경우에만 이성의 지배라고 할 수 있고 이 지배의 형식을 명령이라고 할 수 있는 것이다.

명령에는 두 가지, 즉 가언명령과 정언명령이 있다. 가언명령은 "네가 어떤 목적을 이루고자 하면, 이러저러하게 행동해야 한다."이고 정언명령은 목적여하를 가리지 않고 어떤 행동이 객관적으로 필요하다는 것이다. 이 명령은 종합적이고 선험적이다. 칸트는 이와 같은 성질을 법의 개념에서 연역했던 것이다.

정언명령을 생각해 보면, 곧 그 내용이 무엇인지 알 수 있다. 왜냐하면 정언명령에는 도덕법칙이 포함되어 있고 행동규범이 이 법칙에 따라야 한다는 필연성이 포함되어 있을 뿐 그 밖에는 어떤 조건에 의해서도 제약을 받지 않으므로 도덕법칙의 보편성 이외에는 아무것도 남지 않기 때문이다. 인간의 행동규범은 이 보편성을 가져야 하며 또 그래야만 명령을 절대화시킬 수 있다. 그러므로 정언명령은 다음과 같이 단순한 것이다. 즉, "너는 네 행동규범이 동시에 보편적인 법칙이 될 수 있도록 행동하라" 또는 "너는 네 행동규범이 네 의지를 통하여 일반적인 자연법칙이 될 수 있도록 행동하라"이다.

칸트는 이 정언명령의 작용에 관하여 예를 들어 돈을 빌리는 것은 잘못이라고 한다. 저마다 돈을 빌리려고 하면 꿔줄 돈이 남아나지 않을 테니까. 도둑질이나 살인 같은 것도 마찬가지로 정언명령으로 정죄(定罪)할 수 있다.

그런데 칸트의 원리에는 어긋나지 않지만 그가 분명히 잘못이라고 생각할 행위가 많이 있다. 가령 자살의 경우가 그렇다. 우울증에 걸린 사람은 누구나 다 자살해야 한다고 생각할 수도 있을 것이다. 실제로 칸트의 행동규범은 덕이 필요한 표준의 하나이기는 하지만 충분한 표준은 못되는 것이다. 우리는 충분한 표준을 얻으려면 칸트의 순수한 형식주의적인 입장을 버리고 행위의 결과를 어느정도 중요시해야 한다.

그러나 칸트에 의하면 덕은 행위가 목적한 결과에 달려 있는 것이 아니라 그 원리(행위 자체가 그 원리의 결과인)에 달려 있음을 강조한다. 이것을 인정하게 되면 그의 행동규범보다 더욱 구체적인 것은 전혀 없다는 이야기가 되는 것이다.

이 결과는 칸트의 원리에서 비롯되는 것 같지는 않지만 그는 만일을 그 사람 자신에게 목적이 있는 것으로 대해야 한다고 주장한다. 이와 같은 주장은 인권주의의 추상적인 형태라고 하겠다. 그러므로 인권주의에 대한 것과 마찬가지 반대에 봉착하게 되는 것이다.

만일 이 원칙을 그대로 받아들이면 두 사람의 이해관계는 해결할 수 없게 될 것이다. 이와 같은 난점은 특히 정치철학에서 분명히 드러나게 된다. 여기서는 다수를 위해 그런 원리가 필요한 것이다. 이 경우에 필요하다면 소수의 이익은 대다수의 이익을 위해 희생되어야 한다. 만일 정부의 윤리 같은 것이 있다면 정부의 목적은 하나라야 하며 정의에 부과되는 유일한 목적은 사회의 선일 것이다.

그런데 칸트의 원리를 각자가 절대적으로 목적이 되어야 한다는 것을 뜻한다고 해석하지 않고 다수의 사람들에게 영향을 주는 행위에 대하여 결정을 내릴 경우 여기에 이바지함을 뜻하는 것으로 해석할 수도 있는 것이다. 그렇게 되면 칸트의 원리는 민주주의 윤리에 기틀을 마련해 준다고 볼 수도 있다. 이때에는 위에서 말한 난점은 해소될 것이다.

칸트가 노년에도 마음의 움직임이 발랄하고 생기가 있었다는 것은 〈영원한 평화〉에 관한 그의 논문이 잘 드러내 보여 주고 있다. 그는 이 저술에서 자유국가들이 전쟁을 금지하도록 약속하고 결속된 연방을 결성할 것을 제창

하고 있다. 칸트에 의하면 이성은 전쟁을 철저히 정죄할 수 있으며 오직 세계정부만이 전쟁을 방지할 수가 있다는 것이다.

이 세계정부를 이루고 있는 나라들의 조직체는 공화 주의적이어야 한다. 그의 이 말은 행정부와 입법부가 분리된다는 뜻이며 왕의 존재를 부인하는 것은 아니다. 그에 의하면 실제로 군주 밑에서 가장 쉽게 완전한 정부를 세울 수 있다고 한다. 이 책을 쓴 것은 공포시대의 충격을 받고 있었던 때이므로 민주주의에 대하여 회의적이었다.

그의 말에 의하면 민주주의는 반드시 전제정치가 된다는 것이다. 민주주의는 행정권을 세우기 때문이다.

"전 국민이 나라 일을 처리한다고는 하지만 사실은 국민 전체가 아니라 단지 소수에 지나지 않는다. 그리하여 보편적인 의지는 그 자체와 모순되고 자유의 원리와 모순된다."

이런 말은 루소의 영향을 나타내고 있다. 그러나 평화를 확보하는 수단으로서의 세계연방의 주요 이념은 루소에게서 비롯된 것은 아니다.

칸트는 1933년 이후로 이 논문 때문에 나라에서 미움을 사게 되었다.

2. 시간과 공간에 대한 칸트의 학설

《순수이성비판》의 가장 중요한 부분은 공간과 시간에 관한 주장이다. 본인은 이 주장에 대하여 비판을 하려고 한다.

칸트의 공간론과 시간론을 명확하게 설명한다는 것은 결코 쉬운 일이 아니다. 그것은 칸트의 학설 자체가 분명치 않기 때문이다. 이 학설은 칸트의 《순수이성비판》과 《철학 서설》에 서술되어 있는데 후자가 좀 더 알기 쉽지만 《비판》처럼 충분하지는 못하다. 나는 우선 이 학설이 그럴 듯하게 보이도록 노력하면서 해설을 해 나가려고 한다. 비판은 그 후로 미룰 작정이다.

칸트에 의하면 지각의 직접적인 대상은 일부는 외부의 사물에서 비롯되며 다른 일부는 우리 자신의 지각기관에서 비롯된다는 것이다.

로크(J. Locke)는 제 2속성(색깔·소리·냄새 등)은 주관적인 것으로 대상 자체에는 속하지 않는다는 것을 주장하였다. 그런데 칸트는 버클리(G. Berkeley)나 흄과 같이(같은 방식은 아니지만) 이것을 더욱 발전시켜 제 1속성도 주관적인 것이라고 한다.

칸트는 우리의 감각이 원인을 갖는다는 것을 별로 문제시하지 않는다. 그는 이 원인을 "물 자체"또는 실체라고 불렀다. 그리고 우리의 지각에 나타나는 것을 현상이라고 불렀는데 이것은 두 부분으로 되어 있다. 하나는 대상에서 비롯되는 것으로 그는 이것을 감각이라고 불렀다. 또 하나는 우리의 주관적인 지각기관으로부터 비롯되는 것으로 이것이 복잡한 것을 정리하여 상호간에 일정한 관계를 이루게 하며, 이 둘째 부분을 칸트는 현상의 형식이라고 하였다. 이 부분은 그 자체가 감각은 아니다. 따라서 우연한 환경에 의존하지 않는다.

이것은 항상 동일한 것으로 우리는 언제나 이것을 갖고 다닌다. 그리하여 이것은 경험에 의존하지 않고 있다는 의미에서 선험적인 것이다. 그리고 감성의 순수형식을 순수직관이라고 불렀다. 이 형식에는 두 가지가 있는데 시간과 공간이 그것이다. 하나는 외감(外感)의 형식이고 또 하나는 내감(內感)의 형식이다.

칸트는 공간과 시간이 선험적인 형식임을 증명하기 위해 두 가지 주장을 한다. 하나는 형이상학적인 탐구요, 또 하나는 인식론적인 탐구 혹은 그의 말대로 선험적인 탐구이다. 형이상학적인 탐구는 공간과 시간의 성질에서 직접 증명하는 것이며 선험적인 탐구는 순수 수학의 기능에 의해 간접적으로 증명하는 것이다. 공간에 관한 이론은 시간에 대한 그것보다 더욱 상세하다. 후자는 본질상 전자와 동일하다고 생각했기 때문이다.

공간에 관한 형이상학적인 탐구에는 네 가지가 있다.

1) 공간은 외부적인 경험에서 추상한 개념은 아니다. 그 이유는 감각을 외부의 어떤 것으로부터 비롯된다고 생각할 경우에 이미 공간을 미리 전제하고 있기 때문이다. 따라서 외부적인 경험은 오직 공간의 표상을 통해서만 가능한 것이다.

2) 공간은 모든 외부적인 지각의 근저에 놓인 "아프리오리"한 필연적인 표상이다. 왜냐하면 공간에 아무것도 있지 않다고 생각할 수는 있으나 공간 없이는 사물을 생각할 수 없기 때문이다.

3) 공간은 사물들의 일반적인 관계에 대한 이론적 또는 일반론적인 개념은 아니다. 그것은 하나의 공간이 있을 뿐 우리가 말하는 공간들은 그 일부이며 예(例)들이 아니기 때문이다.

4) 공간은 이미 주어진 무한대의 것으로 그 안에 모든 공

간의 부분들이 포함되어 있다. 이 관계 "공간과 공간의 부분들과의"는 어떤 개념과 그 개념의 예들과의 관계와는 다르다. 따라서 공간은 개념이 아니라 직관이다.

공간에 대한 선험적인 탐구는 기하학에서 비롯된다. 칸트에 의하면 유클리드 기하학은 종합적이기는 하지만, 다시 말해서 논리로부터 귀납되는 것은 아니지만 선험적으로 인식된다는 것이다. 그는 기하학의 증명은 그림에 의존한다고 생각하였다. 가령 두 직선이 상호간에 직각으로 만난 경우에 우리는 이 만나는 점을 지나서 이 두 직선에 오직 하나의 수직선 밖에 그릴 수 없다는 것을 볼 수가 있다.

칸트는 이 직선은 경험에서 비롯된 것이 아니라고 생각하였다. 나의 직관이 상대 속에 무엇이 발견될 것인지, 이에 대하여 예상할 수 있는 유일한 방법은 만일 직관이 이와 같은 방법을 갖는다면 이것은 나의 주관 속에 모든 실제의 인상(印象)에 앞서는 내 감성의 형식뿐이라고 하겠다. 감각의 대상은 기하학의 규정 아래 두어야 한다. 왜냐하면 기하학은 지각의 방법에 관련되어 있으므로 우리는 기하학을 떠나서는 지각할 수 없기 때문이다. 이것이 어찌하여 기하학은 종합적이면서 또한 "아프리오리"하며 필연적인가를 설명해 주고 있다.

시간에 대한 주장도 본질상 마찬가지이다. 다만 이 경우에 계산을 하려면 시간을 필요로 한다고 주장하여 기하학에 산술이 대치되는 것만이 다를 뿐이다.

그럼 여기서 위에서 보아 온 주장에 대하여 일일이 검토해 보기로 하자.

공간에 대한 형이상학적인 탐구에서 우선 칸트는 이렇게 말하고 있다.

"공간은 외부의 경험에서 추상된 경험적 개념은 아니다. 왜냐하면 어떤 감각이 외부에서 왔다고 말하려면, 즉 공간속에서 내가 내 자신을 발견하는 위치와 다른 어떤 위치에 있는 사물에서 감각이 왔다고 말할 수 있으려면 그리고 그 사물들을 상호간에 밖에나 곁에 있는 것으로서 지각하려면, 그리하여 이 사물들이 서로 다르고 각각 다른 곳에 있음을 지각하려면 미리 공간의 표상이 기반이 되어 있어야 하기 때문이다."

그러므로 외적인 경험은 오직 공간의 표상을 통해서만 가능한 것이다.

「나의 외부」(내가 자기 자신을 발견하는 그 장소와 다른 장소)란 어려운 말이다. "물 자체"로서의 나는 어디나 존재하는 것이 아니다. 그리고 나의 외부에는 아무것도 공간적으로 존재하지 않는다. 여기서 의미하는 것은 하나의 현상으로서의 나의 신체뿐일 것이다. 그리하여 여기서 실재적으로 포함되어 있는 것은 모두가 이 글의 둘째 부분, 즉 나는 다른 대상을 다른 곳에 지각한다는 데 귀착되어 버린다.

우리의 마음속에 일어나는 표상은 마치 다른 외부를 다른 못에 걸어 둔 외투보관실 급사의 표정과 다름이 없다. 못들은 벌써 박혀 있다. 그러나 급사의 마음대로 외투를 정돈하는 것이다.

그런데 한 가지 난점(칸트는 전혀 느껴 본 적이 없는 것 같지만)이 있다. 이것은 칸트가 주장하는 공간과 시간의 주관성에 대한 모든 학설에 관련되어 있는 문제이다. 지각의 대상들을 정리할 경우에 나로 하여금 내가 정리하는 대로 정리하게 하고 이와는 다르게 정리하지 않게 하는 것은 무엇인가? 즉, 어찌하여 나는 언제나 사람들의 눈을 그들의 입 위에 있다고 보면서 그 아래 있다고는 보지 않는가. 칸트에 의하면 눈이나 입은 "물 자체"로서 존재하며 각각 나의 지각 표상의 원인이 된다. 그러나 그 "물 자체"는 어느 것도 내 지각 안에 들어와 있는 공간배열에 대응하지 않는다.

이와 같은 주장을 물리학의 색채에 대한 학설과 비교해 보자. 우리는 물질 속에 우리의 지각 표상이 갖는 그런 색채가 들어 있다고는 생각하지 않는다. 우리는 서로 다른 색채가 다른 광파(光波)에 대응한다고 생각한다. 그런데 이 광파는 공간과 시간을 포함하고 있으므로 칸트의 견해로는 광파가 우리의 지각표상의 원인이 될 수가 없다.

그리고 만일 우리들의 지각표상의 공간과 시간이 물리학에서 가정(假定)하는 것처럼 물질계에도 대응하는 상대방을 갖는 것이라면, 기하학은 이 대응하는 상대방에도 적응할 수 있을 것이다. 이 경우에 칸트의 주장은 실패로 돌아가 버린다.

칸트는 마음이 감각의 재료를 정리한다는 것이다. 그런데 마음은 그것이 정리하는 대로만 하고, 다르게는 하지 않으리라는 것을 해명할 필요가 있음을 생각하지 못하고 있다.

이와 같은 난점은 시간에 이르면 인과율의 개입으로 더 커지게 된다. 나는 우레 소리를 알기 전에 번개부터 알게 된다. A라는 "물 자체"가 나의 번개불의 지각을 일으켰다고 말하고, B라는 "물 자체"가 나의 우레 소리의 지각을 일으켰다고 하지만 A는 B보다 먼저 있지는 않았을 것이다.

왜냐하면 시간이란 오직 지각의 표상에 관계 속에만 존재하는 것이니까. 그렇다면 어찌하여 두 개의 무시간적인 사물 A와 B는 서로 다른 시간에 어떤 결과를 가져오게 하였을까?

만일 칸트의 주장이 옳다면 이 결과를 일으키는 순서는 마음대로 할 수 있을 것이다. 그리고 A가 일으킨 지각표상이 B가 일으킨 지각표상보다 앞서 있는 사실에 대응할 만한 A와 B 사이의 선후관계도 있어서는 안 될 것이다.

둘째로 칸트는 형이상학적인 탐구에 있어서 주장하기를 사물이 없는 공간은 생각할 수 있지만 공간이 없이는 아무것도 상상할 수 없다고 하였다.

그러나 나는 아무리 심각한 주장도 우리가 상상할 수 있느니 없느니 하는 그런 토대 위에 세울 수는 없다고 본다. 그리고 공간 속에 아무것도 들어 있지 않다는 주장은 강력히 부인하고자 한다.

독자들은 캄캄한 밤에 하늘을 바라본다고 상상할 수 있을 것이다. 그때 독자는 공간 속에 있는 것이다. 그리고 독자는 눈으로 볼 수 없는 구름을 상상하는 것이다. 칸트의 공간은 뉴튼의 공간처럼 절대적인 것으로 관계의 체계에 불과한 것이 아니다. 그러나 나는 절대로 빈 공간이란 상상할 수 없다.

셋째로 형이상학적인 탐구에서 칸트는 주장하기를 "공간은 사물의 일반적인 관계에 대한 논리적 또는 이른바 일반적인 개념이 아니라 순수한 직관이다. 왜냐하면 우리는 다만 유일한 공간을 상상할 뿐이기 때문이다. 설사 우리가 〈공간들〉에 대하여 말할 경우에도 우리는 단지 하나의 공간을 의미하고 있으며 그것은 동일하고 유일한 공간의 부분들이다. 그리고 이 부분들은 전체를 넘어설 수 없으며 이 부분들은 공간 속에 있는 것으로만 생각될 수 있을 뿐이다. 공간은 본질상 유일하며 공간 속의 다양은 오직 제한성에서 비롯되는 것이다." 그러므로 공간은 "아프리오리"한 직관이라는 결론에 도달하게 된다.

이 주장의 중심은 공간 자체의 복수성을 부정하는 데 있다. 우리가 「공간들」이라고 부르는 것은 「하나의 공간」이라는 일반적인 개념의 예도 아니고 한 집합체의 부분들도 아니다. 나는 칸트가 이 공간들의 논리적인 면을 어떻게 생각하였는지 알 수 없지만. 경우에 따라서는 이와 같은 부분들은 논리적으로 공간에 뒤따를 경우도 있다. 실제로 모든 현대인들과 함께 공간에 대한 상대적인 견해를 갖는 사람들에게는 이런 주장은 불가능하다고 생각하게 될 것이다. 왜냐하면 「공간」도 「공간들」도 실체로서 남아 있다고 볼 수 없기 때문이다.

넷째는 형이상학이 탐구에서 공간은 주로 직관이요, 개념이 아니라는 것이다. 그 전제가 되는 것은 "공간은 주어진 무한히 큰 것으로 상상된다."

이것은 쾨니히스베르크와 같은 평화로운 고장에 살고 있는 사람의 견해이며 알프스 계곡에 살고 있는 사람들은 이런 견해를 가질 수 없을 것이다. 즉, 무한한 것이 어떻게 「주어질」 수 있는지 알기 어려운 것이다.

주어진 공간의 부분은 지각의 대상이 집합된 부분으로 우리는 공간의 그 밖의 부분에 대해서는 단지 운동의 가능성을 느낄 뿐이다. 그리고 통속적인 주장을 도입한다고 말할지 모르지만 오늘의 천문학자들은 공간이란 무한한 것이 아니라 지구의 표면처럼 돌고 도는 것이라고 한다.

선험적 또는 인식론적 탐구는 《철학 서론》에서 분명히 진술하고 있는데, 이것은 형이상학적인 규명보다 훨씬 명확하다. 따라서 더욱 분명히 논박할 수도 있다. 우리가 잘 알고 있는 것처럼 기하학은 두 가지 상이한 연구를 합쳐서 부르는 명칭이다. 즉, 한편에는 순수 기하학이 있는데 이것은 공리에서 연역하여 결과를 끌어내는 것이며, 그 공리 자체가 옳고 그른 것은 문제시하지 않는다. 여기서는 논리에서 비롯되지 않는 것은 전혀 포함되어 있지 않다. 그러므로 종합적이 아니다. 그리하여 기하교과서에서 사용되는 것 같은 그림이 필요 없다.

그러나 또 한편으로는, 물리학의 한 분과 로서의 기하학이 있다. 가령 상대성 일반이론에 나타나는 것과 같다. 이것은 경험과학이다. 여기서 공리는 측정에서 귀납되며 유클리드 기하학과는 다르다.

이와 같이 두 가지 기하학 중에 하나는 "아프리오리"하지만 종합적이 아니고, 또 하나는 종합적이기는 하지만 "아프리오리"하지 않다. 이것으로 칸트의 선험적인 의론은 결말이 나는 것이다.

다음으로 칸트가 공간에 대하여 제기한 여러 가지 문제들을 좀 더 일반적인 각도에서 고찰해 보자.

물리학에서 인정하고 있는 바와 같이 우리가 만일 우리의 지각표상이 어느 의미에서 물질이라고 할 수 있는 외부적인 어떤 원인에서 생기는 것이라는 견해에 동조한다면, 지각표상에 있어서 볼 수 있는 사실적인 모든 성질은 그 지각표상의 원인(지각되지 않은)에 있어서의 성질과 다르게 된다. 그러나 지각표상의 체계와 그 원인의 체계 사이에는 구조에 있어서 어떤 유사성이 있다는 결론도 나오게 된다. 가령 지각된 색채와 물리학에서 추리된 광파 사이에는 일정한 관련이 있는 것으로 보인다. 이와 마찬가지로 지각표상의 요소로서의 공간과 지각표상의 요소(지각되지 않는 원인의 체계 속에)로서의 공간 사이에는 일정한 관계가 있어야 할 것이다.

이 모든 것은 "동일한 원인은 동일한 결과를 가져오게 한다."거나 또는 이 명제를 뒤집어 "상이한 결과는 상이한 원인에서 비롯된다."는 명제에 의존하고 있다.

그리하여 눈으로 보아서 아는 어떤 표상 A가 또 하나의 시각표상 B의 왼쪽에 나타날 경우에 우리는 A의 원인과 B의 원인 사이에도 이에 대응하는 어떤 관계가 있으리라는 것을 짐작할 수 있을 것이다.

우리는 이와 같은 입장에서는 두 가지 공간을 갖게 된다. 하나는 주관적인 것이고, 또 하나는 객관적인 것이다. 하나는 경험을 통하여 알게 되고, 또 하나는 오직 추리된 것이다.

그러나 이와 관련된 공간과 지각에 있어서의 다른 일면, 다시 말해서 색깔이나 소리 같은 것들 사이에 차이가 없어진다. 그러니까 다 동일하게 그것들의 주관적인 형태에 있어서 경험적으로 알려지고, 역시 동일하게 그것들의 객관적인 형태에 있어서 인과관계에 관한 위치에 말한 바와 같은 명제에 의해 추리 할 수가 있는 것이다. 공간에 대한 우리의 지각을 색깔이나 소리, 냄새 등에 대한 우리의 지각과 다르게 볼 아무 이유도 없을 것이다.

그런데 시간에 대한 문제는 그렇지 않다. 왜냐하면 우리가 감각표상의 지각되지 않은 원인에 대한 신뢰를 고집한다면 객관적인 시간은 주관적인 시간과 동일한 것이라야 하기 때문이다. 만일 동일하지 않다면, 우리는 앞에서 번개불과 우레 소리와의 관련에 대하여 고찰해 본 바와 같은 그런 난점에 봉착하게 될 것이다. 다음과 같은 경우를 생각해 보자.

가령 당신이, 어떤 사람이 당신에게 하는 말을 듣고, 또 그에게 무엇이라고 대답을 할 경우에 그는 당신의 그 말을 들었다고 하자. 이 때 그의 말과 당신의 대답을 그가 듣는 것은 다 당신에게 알려지지 않는 세계에서 일어나는 일이다. 그리고 그 세계에서 전자가 후자 보다 앞서는 것이다. 뿐만 아니라 객관적인 물리학의 세계에서는 그가 말하는 것이 당신이 듣는 것보다 앞선다. 지각표상의 세계에서 당신이 그의 말을 듣는 것은 당신이 그에게 대답하는 것보다 앞선다. 그리고 객관적인 물리학의 세계에서는 당신이 대답하는 것이 그가 듣는 것보다 앞선다.

이 모든 명제에 있어서는 관계는 동일해야 한다. 그러므로 우리가 지각하는 공간이 주관적으로 중요성을 갖고 있다고 하더라도, 우리가 지각하는 공간이 주관적이라고 하는 데는 의미가 없는 것이다.

위에서 보는 바와 같은 칸트의 주장에는 지각표상은 "물자체"에 의해 생기게 된다는 것을 가정하고 있다. 그리고 우리가 당연히 생각할 수 있는 것처럼 물리 세계의 사건들에 의해 일어난다고 가정한다.

그러나 이러한 가정은 결코 논리상 필요한 것은 아니다. 이 가정을 버린다면 지각표상은 「주관적」이라는 주장에 중요한 의미가 없게 될 것이다. 왜냐하면 이 지각표상에 대응하는 것이 없기 때문이다.

"물자체"는 칸트의 철학에서 불필요한 요소였다. 그래서 그의 후계자들은 이것을 곧 버리기로 하였으며 결과적으로 유아론과 흡사한 것이 되어 버렸다. 칸트의 불 통일성은 그에게 영향을 받은 철학자들로 하여금 경험론적인 경향으로 기울어지게 하지 않으면 절대론적인 경향으로 흐르게 하였다. 그런데 실제로 독일 철학은 헤겔이 죽기까

221

지 후자의 그것이었다.

칸트의 직접 후계자인 피히테(Fichte)는 "물자체"를 버리고 건전치 못하다고 볼 수 있을 만큼 주관주의를 극단적으로 발전시켰다. 그의 주장에 의하면 자아는 유일한 궁극적인 실재이며 자아는 자기 자신을 가정해서만 존재한다. 비자아(非自我)는 종속적인 실재성을 갖고 있을 뿐이며, 이것 역시 자아가 그것을 가정할 경우에만 존재한다는 것이었다.

피히테는 순수한 철학자로서는 중요한 위치를 차지하지 못하고 있다. 그는 독일 국가주의의 토대를 세운 사람으로 중요시된다. 《독일 국민에게 고함》은 예나(Jena) 전쟁 후에 독일국민들로 하여금 나폴레옹에게 대항하여 궐기하게 할 의도에서 쓴 글로 보아서도 알 수 있다.

형이상학적 개념으로서의 자아는 경험적인 피히테와 혼돈되기 쉽다. 그 자아는 독일이었으므로 독일인은 다른 국민보다 뛰어나 있다는 결론에 이르게 된다. 그는 말한다. "도의심을 갖는 것과 독일인이 되는 것은 분명히 동일한 사실을 의미한다."

그는 이러한 토대 위에 국가주의적이고 전체주의적인 철학을 세웠으며 이것이 독일에 큰 영향을 주게 되었다.

그의 직접 후계자 셸링(Schelling)은 한결 온후한 사람이었다. 그러나 주관주의적인 경향은 훨씬 덜 하였으며 독일 낭만주의와 긴밀한 관련을 맺고 있었다. 당시에 그의 이름은 널리 알려졌으나 철학에 있어서는 중요한 위치에 있지 않다. 칸트의 철학에서 중요한 발전을 보게 된 것은 헤겔의 철학이라고 하겠다.